W0105155

Andreas Alders

Nie wieder Hausaufgaben!

Schritte auf dem Weg zu einer guten Schule (1).

Impressum

Herstellung und Verlag: Books on Demand GmbH, Norderstedt
Illustrationen von Marcel und Patrick Lange
ISBN: 978-3-8370-8965-3

Bibliografische Information der Deutschen Nationalbibliothek
Die Deutsche Nationalbibliothek verzeichnet diese
Publikation in der Deutschen Nationalbibliografie;
detaillierte bibliografische Daten sind im Internet
über http://dnb.d-nb.de abrufbar.

Inhaltsverzeichnis

6

Vorwort an die Schüler

Liebe Schüler,

als erstes möchte ich Euch die Angst nehmen, die Euch sicherlich befällt, wenn Ihr ein Buch in die Hand nehmt: Nein, es ist kein trockener Stoff, der vor Euch liegt, aufgezwungen von irgendwelchen Erwachsenen, die meinen, dass der Lehrplan das nun mal so verlange. Ihr könnt es lesen – oder Ihr könnt es beiseite legen (in letzterem Fall solltet Ihr es wenigstens verschenken!).

Aber wenn Ihr es lest, dann werdet Ihr von Zeile zu Zeile stärker merken, dass es um Euch geht und darum, Euren Schulalltag angenehmer zu machen! Wollt Ihr Euch darauf einlassen? Na, dann los!

Den Schulalltag angenehmer machen – geht das überhaupt? Ihr habt ihn Euch doch so angenehm wie möglich gemacht durch Eure Vorfreude auf die Pausen und Eure Verdrängung der schulischen Belange am Nachmittag: „Nur nicht über Schule reden!" Und da gibt's eben noch die Pauk-Einheiten am Vormittag – es muss halt sein – absitzen – was soll da noch angenehmer gemacht werden?

Und doch behaupte ich: es geht! Ich werde in diesem Buch anreißen, dass das ganze Schulsystem verändert werden muss (nein, nicht gleich stöhnen und sagen: der spinnt ja!), und ich werde einen ganz konkreten Punkt näher beschreiben, den Punkt der Hausaufgaben.

Ist es Euch schon einmal so gegangen, dass Ihr Euch auf ein zweiwöchiges Praktikum gefreut habt, weil Ihr dann zwei ganze Wochen lang die Schule nicht von innen seht, dass Eure Freude aber gleich wieder getrübt wurde durch die Masse der Arbeitsblätter, die schon beim Draufschauen den Eindruck vermittelte, dass es Tage dauert, sie zu bearbeiten?

Habt Ihr schon einmal Euren Vater oder Eure Mutter darum gebeten, bei der Erledigung der Hausaufgaben zu helfen? Und haben sie Euch dann den mathematischen Sachverhalt völlig anders erklärt als es der Lehrer tat? Sind sie vielleicht dann ungeduldig oder genervt gewesen und haben Euch mit Schuldgefühlen allein sitzen lassen?

War die Menge der Hausaufgaben schon einmal so groß, dass Ihr auf eine für den späten Nachmittag vereinbarte Verabredung verzichten musstet? Oder seid Ihr in diesem Zusammenhang darauf gekommen, zu lügen, was die Erledigung anbetrifft, oder endlich zu begreifen, dass man die Hausaufgaben ja locker auch am nächsten Morgen abschreiben kann?

Wer unter Euch schon einmal wenigstens eine solche Situation zumindest annähernd erlebt hat, der sollte weiter lesen. Denn Hausaufgaben sind sinnlos, haben keinen positiven Lerneffekt und verursachen jede Menge Frust. In diesem Buch wird auch beschrieben, auf welche Weise Ihr mit Euren Lehrern (und mit Hilfe der Eltern) ins Gespräch kommen könnt, mit dem Ziel, auf die Hausaufgaben zu verzichten. Beispiele von Schulen, die „ohne" auskommen, gibt es nicht nur im Privatschulbereich.

Ich wünsche Euch viel Spaß bei der Lektüre!

Vorwort an die Eltern

Liebe Eltern,
ich weiß nicht, aus welcher Motivation heraus Sie nach diesem
Buch gegriffen haben (vielleicht ist es Ihnen ja auch geschenkt
worden) – ich stelle mir aber vor, Sie sind an der Auslage einer
Buchhandlung vorbeigegangen, haben den Titel gelesen und sich
spontan gesagt: „Ja, endlich mal einer, der sagt, dass Hausaufgaben eine Last sind!"

In der Tat, Hausaufgaben sind eine Last. Und zwar nicht nur für
die Schüler, sondern in hohem Maße auch für Sie als Eltern. Indem Sie die Erledigung der Hausaufgaben Ihrer Kinder beaufsich-
tigen, tun Sie etwas *für die Schule,* das Ihnen höchste Konzentration abfordert, das Sie dazu zwingt, mit Ihrem Kind so
umzugehen, wie Sie das im Grunde gar nicht wollten. Sie stellen
verwundert fest, dass Sie Seiten haben, die Sie an sich nie vermu-
tet hätten: Sie können nach einem anstrengenden Arbeitstag genervt reagieren, Sie können drohen, strafen – und Sie haben dabei
Schuldgefühle, weil Sie im Grunde genau wissen, dass dies Ihrem
Kind alles andere als gut tut.
All dies tun Sie, weil Sie
von außen, von der Schule
dazu gezwungen werden.
Sie stehen also für einen
Teil der Aufgaben gerade,
für die der Lehrer vom
Schulamt bezahlt wird.
Interessant wäre, eine
solche Rechnung einmal
über 10 oder 12 Jahre
aufzumachen.

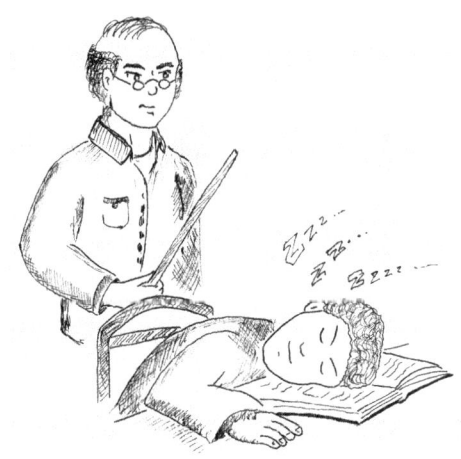

In werde in diesem Buch

darlegen, warum es sinnvoll wäre, mit den Hausaufgaben ein für alle Mal Schluss zu machen. Und ich werde zeigen, dass dies prinzipiell möglich ist.

Ich wünsche Ihnen ebenfalls eine spannende Lektüre!

Vorwort an die Lehrer

Liebe Lehrer,
ich bin mir bewusst, dass ich von Ihrem Berufsstand vermutlich die meiste Kritik bekomme – deswegen hier schon mal vorsorglich meine E-Mail-Adresse: niewiederhausaufgaben@yahoo.de. Ich würde mir wünschen, dass wir die in diesem Buch aufgeworfenen Probleme sachlich und offen miteinander diskutieren.
Manches von dem, was ich sage, könnte als Affront gegen Ihren Berufsstand verstanden werden. Zum Beispiel werde ich ausführen, dass Hausaufgaben auch aufgegeben werden, um Druck zu erzeugen, um zu bestrafen usw. Sie werden mir sicher zustimmen, wenn ich sage, dass so etwas vorkommen kann, dass es aber keinesfalls zu verallgemeinern ist. Ich bin mir dessen durchaus bewusst. An keiner Stelle meines Buches geht es um eine pauschale Verurteilung. Es geht einzig um die gemeinsame Beschreibung einer neuen Lernkultur. Ich werde zeigen, wie wichtig dies für die Zukunft unseres Landes ist und dass wir dies nur gemeinsam, Eltern, Lehrer und Schüler, schaffen können.

Natürlich weiß ich auch, dass viele von Ihnen Jahre, vielleicht Jahrzehnte im alten System Schule tätig sind und das die vielen neuen reformpädagogischen Gedanken, die es nicht erst seit PISA gibt, möglicherweise für Sie ein Angst machendes Potenzial haben. „Das kann doch nicht alles falsch gewesen sein, was ich bisher gemacht habe", werden Sie sich sagen. Ich würde Ihnen wünschen, dass ein solcher Gedanke bei Ihnen ebenfalls nicht zu einer pauschalen Ablehnung der neuen Gedanken führt, sondern zu einer kreativen Auseinandersetzung mit ihnen. Dieses Büchlein versteht sich durchaus auch als eine Hilfe dazu.

Und schließlich ist mir ebenfalls bewusst, dass die Umsetzung von Forderungen bezüglich einer neuen Lernkultur an staatlichen Schulen natürlich seine Grenzen hat. Freie Schulen haben hier einen unbestreitbaren Vorteil. Aber auch staatliche Schulen haben ihre Gestaltungsspielräume. Es kommt wesentlich auf den Gestaltungswillen der Schulleitung und der Lehrkräfte an. Letztendlich darf eine neue Lernkultur nicht nur auf freie Schulen begrenzt bleiben sondern muss zum Wohle unserer Kinder auch die staatlichen Schulen ergreifen.
Die Aufnahme der Hausaufgabenproblematik ist z.B. ein solcher Punkt, an dem auch in staatlichen Schulen begonnen werden kann.

Ich hoffe, dass Sie dieses Buch vor diesem Hintergrund gewinnbringend lesen können und wünsche Ihnen eine kreative Auseinandersetzung mit der Thematik.

Vorwort an alle

Am Anfang stand die Frage: Schreibe ich die Dinge, die mir zu sagen wichtig sind, in Form einer wissenschaftlichen Abhandlung auf oder verfasse ich ein Jugendbuch? Die Vorzüge und Nachteile beider Varianten liegen auf der Hand: Die wissenschaftliche Abhandlung wird in bildungswissenschaftlichen Kreisen zur Kenntnis genommen und diskutiert. Vielleicht gibt es das eine oder andere positive Feedback. Darüber hinaus jedoch liest das keiner.

Das Jugendbuch wird von der Wissenschaft entweder belächelt oder verrissen – aber es wird gelesen! Herausgekommen ist dann ein „Zwischending". Es ist keine richtige wissenschaftliche Abhandlung, trotzdem versuche ich, durch Fußnoten und die Angabe meiner Literaturliste zumindest teilweise den Anschein zu erwecken, es sei eine solche. Es ist kein richtiges Jugendbuch, trotzdem vergreife ich mich ab und zu im Ton (was wohl durchaus als Merkmal der Jugendkultur herhalten kann).

Wahrscheinlich wird es mir so gehen, wie den meisten, die sich für ein „Zwischending" entscheiden: die negativen Aspekte beider Extreme werden zum Tragen kommen: das Buch wird verrissen und trotzdem nicht gelesen. Aber (Sie werden nach der Lektüre von nur wenigen Seiten feststellen, dass ich mich damit pessimistischer darstelle, als ich in Wirklichkeit bin) vielleicht tritt ja auch das ganze Gegenteil ein: das Buch wird in der Fachpresse positiv aufgenommen und tritt seinen Siegeszug durch die Schülerkreise Deutschlands an.

Und schließlich noch ein Wort an alle Freunde einer so genannten „inklusiven" Schriftsprache: Ein großes „I" mitten im Wort halte ich für eine mittelschwere Vergewaltigung genau dieser Schriftsprache. Ein Wort wie „LehrerInnen" werden Sie bei mir also nicht finden. (Schlimm genug, dass ich es hier zu Demonstrationszwecken schreiben musste!) Was wäre die nächste Stufe? Konsequent beide Geschlechter benennen. Lehrerinnen und Lehrer, Schülerinnen und Schüler – allein schon diese Begriffspaare würden dafür sorgen, dass dieses Buch 20 Seiten dicker geworden wäre und dass Sie 2,- € mehr dafür hätten hinlegen müssen. Außerdem sorgt eine bis zum Exzess getriebene Konsequenz an dieser Stelle für idiotischste Sprachverwicklungen. Nein, ich bleibe bei der vermeintlich männlichen Form und meine damit beide Geschlechter. Ich habe dafür die deutsche Sprache auf meiner Seite, die diese Form eben nicht als ausschließlich männlich, son-

dern als Kollektivum sieht. Und wer sich jetzt nach dieser lücken-
losen Beweisführung immer noch nicht mitgemeint fühlen möchte, der muss es eben bleiben lassen.

Wollen wir jetzt ins Thema einsteigen? Los geht's! Als Erstes
stellt sich die Frage:

Warum reden alle von einer „neuen Lernkultur"?

Sinnvollerweise kann nur vor dem Hintergrund einer nicht mehr
sach- und zeitgemäßen „alten" Lernkultur von der Notwendigkeit
der Formulierung einer „neuen" Lernkultur gesprochen werden.
Vor allem anderen muss also die Frage stehen: „Was disqualifi-
ziert die bisherige Praxis in den Schulen unseres Landes so sehr,
dass wir nicht weniger als eine radikale Neubeschreibung der
Kultur des Lernens brauchen?"

Lernen ist in unserer Wahrnehmung von vornherein negativ be-
setzt. Lernen wird – da wir ja alle durch diese „Schule des Lebens" gegangen sind und die alte Lernkultur „genossen" haben –
größtenteils einhergehend mit negativen Gefühlen, mit Angst,
Druck und Anstrengung gesehen. Das Lernen Freude macht, so
wie es ja tatsächlich der Fall ist – *bevor* ein Kind eingeschult
wird! – das wird nicht als erstes Gefühl beim Hören dieses Wortes „Lernen" assoziiert. Nein, das Negative überwiegt. Konse-
quenterweise möchte man in der Kindertagesstätte das Kind davor noch „bewahren", es besser noch ein wenig „Kind sein
lassen", da der Ernst des Lebens ja früh genug beginnt.

In der Schule beginnt dieser dann tatsächlich. Jahr für Jahr werden Erstklässler mit einem Höchstmaß an Motivation und Neugier eingeschult, nur um genau diese Eigenschaften nach nur we-

nigen Wochen restlos verloren zu haben. Schulbauten aus Kaisers Zeiten, Noten, Hausaufgaben und Frontalunterricht erschweren das Lernen nicht nur, sondern machen es schlichtweg unmöglich. Was vom Begriff „Lernen" übrig bleibt, ist ein ängstliches Gefühl, das dazu veranlasst, sich lieber von allem fernzuhalten, was damit zu tun hat, denn es verursacht lediglich jede Menge Frust, Anstrengung und Mühe.

Die Folge davon ist jedem klar: eine Gesellschaft voller Duckmäuser, die jede Form von Eigeninitiative und Neugier verlernt hat, sich dafür aber hervorragend beeinflussen und führen lässt. Vielleicht ist damit ja auch bereits die Faszination dieser „alten" Lernkultur beschrieben: die Diktaturen des 20. Jahrhunderts machten von ihr jedenfalls dankbar Gebrauch.

Die meist von Frontalunterricht geprägte Schule in einem kasernenähnlichen wilhelminischen Schulbau, so wie wir sie noch heute kennen, stammt aus der Jahrhundertwende des 19. Jahrhunderts. Was waren die Bildungsmerkmale dieser Zeit? Staatlich gewollt waren Tugenden des preußischen Gehorsams, der Disziplin, die Aufgabe individueller Bedürfnisse zu Gunsten einer uniformen Gesellschaftsidee. Der Wunsch nach Freiheit, Selbstbestimmung und Demokratie war weniger gefragt. Gemessen an dieser despotischen Zielstellung war die Schule Ende des 19. / Anfang des 20. Jahrhundert durchaus ein Erfolgsmodell. Die hierin „gebildeten" Menschen hatten nicht die bürgerlichen Kompetenzen einer demokratischen Gesellschaft. Sie waren nicht im Stande, Diktaturen zu widerstehen, was letztlich dazu beigetragen hat, die unfassbar großen Katastrophen des 1. und 2. Weltkrieges zu befördern.

Nach dem zweiten Weltkrieg kam es zur Teilung Deutschlands. Westdeutschland hatte aus der amerikanisch-französisch-britischen Besatzung heraus grundsätzlich günstigere Startbedingungen. Hier kam es im Jahr 1968 zu einer Kulturrevolution, bei der

die Kinder der Kriegsgeneration die Werte ihrer Eltern und Groß-
eltern massiv hinterfragten und die weitere gesellschaftliche Entwicklung nachhaltig prägten. In Ostdeutschland hingegen behiel-
ten die Bildungsmerkmale der Vorkriegszeit Bestand. Zwar
verzichtete man weitestgehend auf drakonische Maßnahmen, wie
etwa den Einsatz des Rohrstocks, dennoch benötigten die führen-
den Politiker willige und staatstreue Bürger, die grundlegende
demokratische Werte und Freiheiten nicht einfordern und sich
einer diktatorischen Elite bereitwillig unterordnen. Hierauf wurde
die DDR-Schule ausgerichtet und dass eine solche Schule eine
gute Schule gewesen sei, scheint für mich verklärter Strohhalm
einer gescheiterten Staatsidee zu sein und hat wohl nichts mit der
Realität zu tun. Bezeichnend ist, dass dies vermehrt aus der Nach-
folgepartei der SED kommuniziert wird und gemessen an deren
Bildungszielen (vgl. oben) zwar über 40 Jahre lang erfolgreich
war, dennoch verheerende gesellschaftliche Folgen hatte.[1]

Aber auch in der demokratischen Gesellschaft tut sich Schule
schwer. Offenbar ist der Gedanke, Menschen unter fremdbestimmte Zwänge und Pflichterfüllung zu unterwerfen, zu faszinie-
rend. Ist das vielleicht das heimliche Curriculum der deutschen
hausaufgabenbetonten Halbtagsschule? Noch heute kann man in
den Erlassen und Richtlinien der Kultusministerien Formulierun-
gen wie diese lesen: „Die Schüler müssen an die regelmäßige und
gewissenhafte Erfüllung von Pflichten gewöhnt werden". Der
Verdacht drängt sich auf, dass gerade dies beabsichtigt sein könnte: die Schüler zu Tugenden wie Arbeitshaltung und Fleiß zu „erziehen" ohne Rücksicht darauf, ob die Schüler sich mit den Inhalten identifizieren, ihren Sinn für sich selbst einsehen und
akzeptieren.[2]

---

[1] Rabbeau, Christoph: Ist unser Bildungssystem zweite Wahl?
www.spd-vogtland.de/data/klartext/0klartext_september_oktobert.pdf
[2] Speichert, H.: Praxis produktiver Hausaufgaben. Königstein, 1982, S. 12.

16

Nein, die Nachricht von der Demokratie ist noch nicht an unseren Bildungseinrichtungen angekommen. Aber die Gesellschaft braucht die neue Lernkultur dringend! Verstärkt wird dieses Erfordernis noch durch die rasante Entwicklung in Wissenschaft und Technik, die nicht nur immer weiter fortschreitet sondern dabei auch eine immer größere Beschleunigung erfährt. Ein Kind, das heute 10 Jahre alt ist, hat nach menschlichem Ermessen noch ca. 70 Jahre zu leben. Wenn wir zurückrechnen, den Zeitraum zwischen 1940 und 2010 überblicken, dann müssen wir sagen, dass es noch nie in der Geschichte der Menschheit eine Zeitspanne von 70 Jahren gegeben hat, in denen sich die Gesellschaft so rasant entwickelt hat wie in dieser Zeit. Raumfahrt, Computer, Medizintechnik sind nur einige Stichworte, die dies belegen mögen. Gleichzeitig vergrößerten sich bisher ungelöste Probleme, etwa im Bereich Ökologie oder Terrorismus. Es braucht nicht viel Phantasie, um vorauszusagen, dass die Zeitspanne zwischen 2010 und 2080 noch bedeutend mehr und schnellere Entwicklung mit sich bringen wird. Die genannten Problemfelder werden sich zuspitzen.

Die Aufgabe, die die Bildung in unserer Gesellschaft angesichts dieser Tatsache hat, lässt sich dann so formulieren: Wir müssen unsere Kinder stark machen, den Herausforderungen der Zukunft zu begegnen. Sie müssen Eigeninitiative zeigen und gleichzeitig teamfähig sein. Sie müssen ein intelligentes Wissen haben und dies anwenden können. Dies alles geht nur, wenn sie lernen. Wenn sie das Lernen lernen. Früher war manches „einfacher": Die Welt entwickelte sich nicht so rasant wie heute. Bis ins 19. Jahrhundert hinein konnte man davon ausgehen, dass die Welt am Ende eines 70-jährigen Lebens ungefähr so aussah wie an seinem Beginn.[3] Für die Schule hieß das: Es ging darum, verfügbare Wissensbestände zu sichern und weiterzugeben, zu vermitteln. Damit

---

[3] Als Beginn dieser sichtbaren Akzeleration der Veränderungen würde ich den Eintritt in das industrielle Zeitalter ansehen.

konnte ein Schüler sein Leben ganz gut meistern. Er lernte, was man ihm sagte, widerspruchslos und diszipliniert, ohne Raum für seine eigenen Fragen. Und das reichte.

Heute reicht es nicht mehr. Die Veränderungen schreiten so schnell voran, dass der verfügbare Wissensbestand zur Zeit des Schulbesuchs eines Menschen bereits 10 oder 20 Jahre danach, wenn derselbe Mensch also im beruflichen Leben stehen sollte, hoffnungslos veraltet ist! Das Dilemma wird deutlich: Hält die Schule daran fest, ausschließlich verfügbare Wissensbestände zu vermitteln, lässt sie die ihr anvertrauten Schüler am Leben scheitern. Was muss die Schule stattdessen tun? Sie muss dafür Sorge tragen, dass die Schüler die verfügbaren Wissensbestände selbständig und kreativ weiterentwickeln! Wichtiger als die Aneignung der Wissensbestände ist also die Aneignung der Instrumentarien, mit diesen in einer Weise umzugehen, die die angemessene Reaktion auf eine Veränderung mit einschließt. Das ist intelligentes Wissen; das ist neue Lernkultur. Die Entwicklung von Persönlichkeiten mit einem solchen intelligenten Wissen ist nichts weniger als der neue gesellschaftliche Auftrag an die Schule. Und wir müssen ihn laut aussprechen, denn unsere Schulen verhalten sich in der Mehrzahl noch so wie vor Beginn des industriellen Zeitalters. Wenn es uns nicht gelingt, hier die nötigen Veränderungen schnell herbeizuführen, hat dies unabsehbare Folgen für den Bestand unserer Gesellschaft.

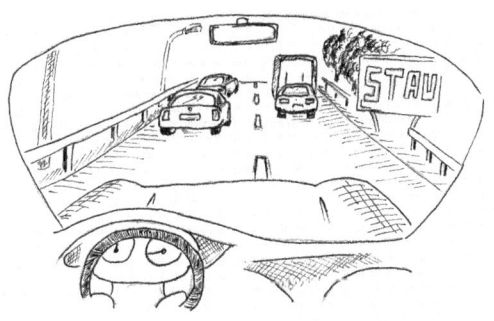

Ein Beispiel: Fast jedem von uns hat schon einmal sein Navigationsgerät in die Irre geführt. Manchmal kommt es vor, dass ein solches Gerät auf der Autobahn die deutliche Anweisung ausspricht: „Bit-

18

te wenden Sie!" Intelligentes Wissen heißt hier, die Anweisung eben gerade nicht zu befolgen, denn ihre Befolgung könnte höchst gefährliche Situationen heraufbeschwören. Unser Schulsystem trainiert uns aber mit seiner alten Lernkultur eher darauf, Anweisungen zu befolgen, ohne sie zu hinterfragen. Und wie gesagt: früher hätte dies gereicht, als es noch keine Autobahnen gab.

Schüler waren bisher Objekte des Lernarrangements der Schule. Jetzt müssen sie zu Subjekten ihrer eigenen Lernentwicklung werden.[4] Viel geht bei den Schülern über Selbstmotivation. Sie müssen zunächst einmal schlicht Freude am Lernen haben. Bildungs-, Lern- und Entwicklungsprozesses gelingen vor allem dann, wenn es den Kindern gut geht, wenn sie sich wohl fühlen.[5] Dabei haben unsere Bildungseinrichtungen eine denkbar einfache Aufgabe: sie müssen diese Freude am Lernen nicht herstellen oder schaffen, sie brauchen sie lediglich nicht zu behindern! Denn jedes Kind lernt gern – und das von Anfang an, wo immer man auch den „Anfang" setzt![6]

Auf dem Weg zu einer neuen Lernkultur kommen wir vor allem an zwei Ansätzen nicht vorbei. Zum einen sind endlich Konsequenzen aus den viel zitierten PISA-Studien zu ziehen. Es reicht nicht, so weiter zu machen wie bisher und einzuschätzen: „So schlecht sind wir ja eigentlich gar nicht!" Ein Blick über den Tellerrand, hinüber nach Skandinavien, zeigt, dass wir keine kosmetischen Reparaturen an unserem Schulsystem brauchen (ein wenig mehr Freiarbeit hier, ein bisschen mehr Ganztagsbetreuung da),

[4] Ilse Nilshon: Hausaufgaben und selbständiges Lernen, S. 41 f.
[5] Griebel, Wilfried; Niesel, Renate: Abschied vom Kindergarten. Start in die Schule. München: Don Bosco, 2002
[6] Der „Anfang" des Lernens wurde früher mit dem Eintritt in die Schule gleichgesetzt. Heute ist man sich weitgehend darüber einig, dass Lernen mit der Geburt beginnt, wenn nicht sogar bereits im pränatalen Stadium davon gesprochen werden kann.

sondern eben tatsächlich eine ganz neue Lernkultur beschreiben müssen. Denn auch mit den beschriebenen kosmetischen Reparaturen ist das Grundübel der deutschen Unterrichtspraxis nicht behoben: Sie gesteht den Schülern wenig Unterrichtspraxis zu, sie läuft nach wenigen relativ starren Schemata ab, es werden lehrerzentrierte und frontale Formen bevorzugt, sie sind an imaginären Durchschnittsschülern orientiert, stärkere Schüler sind tendenziell unterfordert und schwächere überfordert.

Zum anderen sind die Erkenntnisse der modernen Hirnforschung der letzten Jahre zur Kenntnis zu nehmen und in die Bildungspraxis umzusetzen. Die Hirnforschung hat in diesen letzten Jahren Unschätzbares geleistet. Wir wissen jetzt, wie Lernen funktioniert und welche äußeren Bedingungen es braucht, damit es funktionieren kann. Lernen erfolgt nicht passiv, sondern ist ein aktiver Vorgang, in dessen Verlauf sich Veränderungen im Gehirn des Lernenden abspielen. Allein dieser Satz muss eine Revolution im Denken bewirken, denn aus ihm folgt zwangsläufig: Wissen kann nicht vermittelt werden, wie wir jahrhundertelang gedacht haben, sondern Wissen entsteht durch einen Prozess der Selbstaneignung. Der Lehrer (seien es Vater und Mutter, Erzieherin in der Kindertagesstätte oder Schullehrer) hat nicht mehr die Aufgabe, Wissen zu vermitteln, sondern er hat eine begleitende Funktion, ist sozusagen „Geburtshelfer" des Wissens beim Kind, indem er Bedingungen schafft, in denen sich das Kind das Wissen selbst aneignen kann, mit Neugier und Freude am Lernen.

Wir sehen also: die Aufgabe, vor der wir zu Beginn des 21. Jahrhunderts auf dem Bildungssektor stehen, ist eine gewaltige, aber eine lohnende. Sie braucht die Anstrengung nicht nur der Bildungswissenschaftler, nicht nur der Lehrer, nicht nur der Politik, sondern der ganzen Gesellschaft, wie es Manfred Spitzer formuliert: „Das Ermöglichen von Lernen ist keineswegs nur ein Prob-

20

lem der Schule, sondern vielmehr eines der Gesellschaft und der
von ihr getragenen Kultur."[7]

Dem gesellschaftlichen Wandel muss auch das System Schule
Rechnung tragen und hierauf mit Veränderungen reagieren. Dass
dies in Deutschland bislang nur unzureichend gelingt, verdeutli-
chen die Ergebnisse aktueller Bildungsstudien. Veränderungen
brauchen Mut, den Status Quo zu überdenken, doch in den Kultusministerien scheint dieser Mut weitestgehend zu fehlen. Und
wenn dort der Mut aufgebracht wird, dann mangelt es oft an Um-
setzungswillen in den Schulämtern und an den Schulen. Auftrag
von Schule ist es, die ihr anvertrauten Kinder und Jugendlichen
zu stärken, ein eigenständiges und sinnerfülltes Leben führen zu
können. Was aber sind die Bildungsmerkmale, welche ein solches
Leben ermöglichen? „Bildung ist der Zustand, in dem man Verantwortung übernehmen kann.", so beschreibt der Tübinger Phi-
losoph und Pädagoge Otto Friedrich Bollnow einen der Sache
gemäßen Bildungsauftrag.[8]

Um Verantwortung übernehmen zu können, braucht es neben der
fachlichen Erkenntnis weit reichende Schlüsselqualifikationen,
welche in der Delphistudie 1996/1998 „Potentiale und Dimensio-
nen der Wissensgesellschaft – Auswirkungen auf Bildungspro-
zesse und Bildungsstrukturen" eingehend beschrieben wurden.
Hierzu zählen unter anderem: instrumentelle bzw. methodische
Kompetenz (Kulturtechniken, Kreativtechniken); personale Kompetenz (Selbstbewusstsein, Identität, Handlungskompetenz); soziale Kompetenz (Kommunikation, Ausdrucksfähigkeit, Teamfähigkeit) und gesellschaftlich-ethische Kompetenz (Wertebewusst-
sein, demokratische Kompetenz, soziale Verantwortung).[9]

---

[7] Spitzer, M: Lernen. Heidelberg: Spektrum Akademischer Verlag, 2003, S. 4
[8] Ulrich Wehner: Pädagogik im Kontext von Existenzphilosophie. Würzburg: Königshausen und Neumann, 2002, S. 86 f.
[9] www.bmbf.de/pub/delphi-befragung_1996_1998.pdf

Diese Bildungsmerkmale haben besondere Anforderungen an eine neue Schulkultur, wie wir sie oftmals aus skandinavischen Ländern kennen. Diese neue Schulkultur fokussiert auf den einzelnen Schüler mit all seinen Fähigkeiten, Begabungen und individuellen Besonderheiten. Bildungsziel ist die Ausbildung von Kompetenzen (Schlüsselqualifikationen), nicht auswendig gelerntes Wissen, welches nach kurzer Zeit (nach der Klassenarbeit?) wieder in Vergessenheit gerät. In vergleichbaren Zusammenhang forderte der Arbeitgeberpräsident Dr. Dieter Hundt im Jahr 2004: „Nicht das minutiöse Abarbeiten der Lehrpläne, sondern die Persönlichkeitsentwicklung der Schüler, deren Wissen und Können sowie deren Befähigung zum lebenslangen Lernen sind entscheidend."[10]

Die Umstellung auf eine neue Lernkultur kommt im Bereich Schule einer Revolution nahe. Vor dem Schuleintritt ist es völlig selbstverständlich, dass Kinder individuell lernen und sich entwickeln. Der eine lernt Laufen mit 10, der andere mit 16 Monaten. Das erscheint uns völlig in Ordnung. Mit dem Eintritt in die Schule wird auf einmal von den Kindern verlangt, dass sie alle im Gleichschritt lernen, dass sie alle warten, bis das „O" dran ist, damit sie es endlich schreiben können. Und wenn tatsächlich einmal ein Kind ganz heimlich ein „Y" auf sein Heft malt, weil das viel interessanter aussieht, dann wird es gerügt. Diese Praxis erzeugt nichts als Lernfrust, sie ist Schuld daran, dass Kinder schon in der ersten Klasse ausschließlich eines lernen: Dass Lernen Mühe macht. Die ganz selbstverständliche Freude am Lernen aber, die sie bisher in ihrem Leben begleitet hat, ist verschwunden. Dies zeigt, dass die Umstellung auf eine neue Lernkultur umfassend sein muss.

---

[10] www.geb-pforzheim.de/gebhome/news2/14.10.2008/SiB-1-2008-09_Firmen_suchen_Kompetenzen_statt_Abschluesse_Arbeitgeberpraesident_%20Dr-Dieter-Hundt_zur_Bildungsqualitaet.pdf

22

Die moderne Hirnforschung hat gezeigt, dass die Angst einer der größten Lernkiller ist. Was ich mit Angst lerne, was ich unter Druck lerne, das lerne ich nur für den Augenblick. Wenn ich es später einmal brauche, kann ich es nicht anwenden. Genau das aber ist wichtig: das ich heute lerne, um in den gigantischen Herausforderungen des Lebens und der rasanten Entwicklung, die diese Welt nimmt, zu bestehen. Das geht nicht mehr mit dem alten Frontalunterricht, der das Schulsystem des ausgehenden 19. Jahrhunderts bis heute in erstaunlicher Weise konserviert hat (die Räumlichkeiten der alten preußischen Schulbauten tun das Ihrige dazu; manchmal meint man noch das zischende Geräusch eines Rohrstocks zu hören, wenn er durch die Luft geschwungen wird!); das geht nicht mehr mit der alten Tradition der Hausaufgaben, die einen lernkillenden Druck entwickeln, der auch noch von den Eltern weitergegeben wird, die bis zum Schulanfang die Bezugspersonen für mich waren, zu denen ich noch so etwas wie ein Urvertrauen hatte und die es bis dahin geschafft hatten, meine Freude am Lernen zu unterstützen; das geht nicht mehr mit einer Leistungsbeschreibung in Notenform, die nicht das leisten kann, was sie zu leisten vorgibt: nämlich motivierend zu sein. Es gibt nichts Demotivierenderes als eine 6. Zudem konfrontiert uns die Notengebung mit ihrer Kumulation mit einer der größten Ungerechtigkeiten im Schulalltag.

Neue Lernkultur muss ihren Ausdruck finden auch z.B. in einer neuen Schularchitektur. Eine unflexible und wenig ansprechende Schularchitektur, die den heutigen Anforderungen nicht mehr entspricht, beeinträchtigt die neue Lernkultur. Stattdessen braucht es Lösungen, die Raum und neues Lernen verbinden. Dies muss nicht immer Neubau bedeuten. Auch konsequentes Umgestalten bestehender Einrichtungen kann den passenden Lernraum für das neue Lernen schaffen.[11]

---

[11] Schularchitektur und neue Lernkultur: Neues Lernen – Neue Räume. 2007.

Unsere Gesellschaft braucht die neue Lernkultur – und sie braucht sie bald. Lassen Sie uns jetzt damit beginnen, ernst zu machen mit unseren ersten Schritten hin zu einer guten Schule.

„Neue" und „alte" Lernkultur begegnen sich - eine Fortsetzungsgeschichte

Unter dem Eindruck einer Studienreise nach Stockholm 2006, in der es wesentlich um das Lernmodell der Futurum-Schulen ging, verfasste ich auf dem Rückflug folgende kleine Geschichte (und erzählte diese in einem Vortrag aus Anlass der Eröffnung einer freien Schule):

Es ist Freitag, der 30. September 2011. Sandra Berg ist 15 Jahre alt. Sie geht auf das Futurum in Stolpen. Heute früh ist sie ausgeschlafen und gut gelaunt aufgestanden. Sie freut sich auf die Schule, denn heute tagt wieder die Vorbereitungsgruppe für die nächste Projekteinheit, die sich intensiv mit der Burg befassen wird. Sandra gehört dieser Vorbereitungsgruppe mit 7 weiteren Schülern aus jeder Altersgruppe an. Sie findet es gut, dass am Futurum die Schüler mit einbezogen werden, wenn es um die Gestaltung des Unterrichtes geht. Sie hat gehört, dass das anderswo nicht so ist und nimmt sich vor, dies heute Abend mit

24

ihrem Cousin zu besprechen. Mark ist 17 und besucht ein staatliches Gymnasium in Halle.

Während sie diese Gedanken beschäftigen, ist der Schulbus auch schon in Stolpen angekommen. Kurze Zeit später, es ist kurz nach halb 8, betritt sie ihr Schulgebäude, das für sie zur zweiten Heimat geworden ist. Das Gebäude lädt zum Wohlfühlen ein, es ist baulich so gestaltet, dass viel Licht in die Räume dringt. Die Lerngruppenräume sind farblich unterschiedlich gestaltet, thematisch eingerichtet, viele Pflanzen schaffen eine wohnlich-inspirierende Atmosphäre, die zum Lernen, zur Neugierde einlädt. Es gibt trapezförmige und runde, halboffene und geschlossene Lerngruppenräume. Wie ein alter rechteckiger Klassenraum aussieht, weiß Sandra zwar noch aus ihrer Grundschulzeit, aber die Erinnerung verblasst langsam.

Sie hat nicht schwer zu tragen, als sie das Schulgebäude betritt. Ein paar persönliche Sachen, ihr Logbuch[12] und ein Buch, das sie aus der gut sortierten Bibliothek ausgeliehen hatte und heute zurückgeben will. Alles andere, was sie zum Lernen braucht, lässt sie in der Schule. Sie hat hier einen Schrank, ein Regal und einige Schubfächer, die ihr für ihre Sachen zur Verfügung stehen. Hausaufgaben kennt sie nicht. Und wenn sie einmal an einem Problem zu Hause weiterarbeiten oder einen Sachverhalt mit ihren Eltern diskutieren möchte, kann sie sich das entsprechende Material einfach mit nach Hause nehmen.

Ihr erster Weg führt sie zu Herrn Seifert. Herr Seifert ist am Futurum Lehrer für Deutsch und Geschichte. Und außerdem ist er Sandras Kontaktlehrer. Jeder Lehrer am Futurum ist für maximal 12 Schüler zuständig. Anfangs war das Verhältnis 1:16, aber nachdem die Bundesländer Schritt für Schritt nach dem Vorbild

---

[12] Logbuch: Praxis in der Futurum-Schule Stockholm. Buch zum Erfassen der kurz- und längerfristigen Aufgaben und Vorhaben des Schülers. Erledigungskontrolle. Kommunikationsmittel zwischen Schüler, Lehrer und Eltern.

der skandinavischen Staaten das Bildungsbudget aufgestockt
haben, hat jetzt jeder Lehrer noch mehr Zeit für den einzelnen
Schüler. Das ist eine der Grundgegebenheiten am Futurum: Die
Schüler werden nicht im Gleichschritt an ein Klassenziel heran-
geführt, sondern sie werden individuell gefördert und gefordert.
Der Unterrichtsinhalt orientiert sich am Leistungsvermögen des
Einzelnen, nicht eines Klassenverbandes. Der Kontaktlehrer be-
spricht mit den Schülern ihre Wochenpläne, legt gemeinsam mit
ihnen individuelle Lernziele fest und kümmert sich auch um große
und kleine Sorgen.

Herr Seifert begrüßt Sandra in der Kontaktecke, einer räumlichen
Schnittstelle zwischen dem großen Lerngruppenraum und einem
kleineren Raum für die persönlichen Dinge der Lehrer. Er be-
spricht mit ihr die Aufgaben, die sich Sandra in den verschiede-
nen Fächern vornehmen soll. Grundlage für dieses Gespräch ist
das persönliche Logbuch. Am Montag haben die beiden die Ziele
für diese Woche besprochen und in das Logbuch eingetragen.
Herr Seifert kennt Sandra, weiß, dass sie ein mathematischer
Überflieger ist, aber in Englisch noch ein wenig Nachholbedarf
hat.

Englisch wird am Futurum nicht als Fremdsprache, sondern als
Zweitsprache unterrichtet. In diesem Schuljahr beginnt für Sandra die Zeit, in der der Unterricht bilingual läuft. Das heißt, auch
etwa im Fach Geschichte wird im Unterricht neben Deutsch auch
Englisch gesprochen. Mit seiner genauen Kenntnis der einzelnen
Schüler kann Herr Seifert nun auch Sandra gezielt individuell
fördern. Er wird ihr keine Aufgaben anbieten, die sie unterfor-
dern würden. Ebenfalls wird er ihr keine Aufgaben anbieten, die
ihren derzeitigen Leistungsstand weit übersteigen. Er wird ihr
stattdessen immer solche Aufgaben anbieten, die ein klein wenig
über ihr Leistungsvermögen hinausgehen. So wird sie nicht überfordert, hat aber sehr oft persönliche Lernerfolgserlebnisse.

In nur 3 Minuten ist viel besprochen. Durch den flexiblen Beginn kann Herr Seifert diese Gespräche mit allen Schülern führen, die ihm anvertraut sind, ohne dass es „Staus" gibt. Erst 8.00 Uhr beginnt die eigentliche Arbeitszeit. Da die Uhr erst 7.45 Uhr zeigt, kann Sandra jetzt entscheiden, ob sie sich noch einmal mit ihrer Freundin Theres, die auch gerade ihr Gespräch mit ihrem Kontaktlehrer hinter sich hat, in die Cafeteria setzt, oder ob sie gleich mit Arbeiten anfängt. Heute entscheidet sie sich für Letzteres, dann hat sie mittags mehr Zeit. Zielstrebig geht sie auf ein großes Regal zu, in dem sie Material für ihre heutigen Aufgaben findet. Das ist die erste Kompetenz, die sie am Futurum erworben hat: verantwortlich zu sein für ihre eigene Lernorganisation. Sie weiß, wo sie Instrumente und Materialien findet, um weiterzukommen. Sie hat das Lernen gelernt.

Um 10 Uhr ist die Phase des selbständigen Lernens zu Ende. Kurz vorher macht Sandra ihren letzten Haken in ihr Logbuch. Wie eine Selbstkontrolle funktioniert dieses Buch für sie. Sie kann auf einer Doppelseite sehen, was sie in dieser Woche geschafft hat. Sie freut sich im Rückblick auf die vergangene Woche und ihr schwirren schon ein paar Ideen im Kopf herum, an welchen Punkten sie gern in der nächsten Woche weiterarbeiten möchte. Sie ist neugierig und kann es kaum erwarten, mit Herrn Seifert darüber zu sprechen.

Aber zunächst ist die Projektgruppe „Burg Stolpen" an der Reihe. Um 11 trifft man sich in den Räumen der Burg. Bis dahin nimmt Sandra ihr 2. Frühstück in der Cafeteria ein. Sie hat ein bisschen Zeit und lässt ihre Gedanken zurückwandern. Wie es war, damals, 2007, als sie auf's Futurum kam. Sie war damals 11 und hatte schon ein Jahr an einem Gymnasium hinter sich. Ihre Eltern hörten damals von dieser neuen Schule, die so vieles anders macht. Ihre Eltern waren offen für diese neuen Gedanken, erkannten die Vision dahinter und gaben dem Schulträger als Eltern der ersten Stunde eine gehörige Portion Vorschussvertrau-

en. Es gehörte damals etwas dazu, dieses Vertrauen aufzubrin-
gen. Obwohl der Schulträger im Grundschulbereich schon lang-
jährige Erfahrungen aufzuweisen hatte, war das doch ein völlig
neues Projekt. Und es gab erhebliche Widerstände dagegen.
Staatliche Schulen hatten Angst um ihren Bestand und besonders
ältere Lehrer zweifelten plötzlich an sich selbst: „Das kann doch
nicht alles falsch gewesen sein, was wir ein Leben lang getan
haben!"

Den Ausschlag bei Sandras Eltern gab schließlich die Liebe zum
Kind. Zu sehen, wie sich ein Schulkonzept so intensiv am Kind
orientiert, auf seine ganz spezifischen Fähigkeiten und Neigungen
individuell eingeht – das haben sie im Grunde schon immer ge-
sucht. Ihre Eltern interessieren sich sehr für das, was am Futurum läuft. Sie bringen sich auf vielfältige Weise ein, gestalten die
Schule mit. Früher war das anders. Ein Elternteil kam Ende September gequält zu einem nichts sagendem Elternabend und hoffte,
ja nicht zum Elternsprecher gewählt zu werden. Und wenn es
doch passierte, dann tröstete der Klassenlehrer meist mit den
Worten: „Machen Sie sich keine Sorgen. Es gibt so gut wie nichts
zu tun. Aber wir müssen nun mal jemanden wählen!" Dann wurden Telefonnummern ausgetauscht, die nie jemand benutzte, und
es gab, wenn es hochkam, noch einen weiteren Elternabend im
April, in dem über den schlechten Leistungsstand der Klasse ge-
schimpft wurde und die Eltern aufgefordert wurden, zuhause doch
mehr Druck zu machen.

Am Futurum ist das anders. Nicht nur, dass es monatliche Eltern-
abende gibt, bei denen auch die Kinder dabei sein dürfen. Es
finden auch halbjährliche Gespräche mit dem Kontaktlehrer statt,
in denen zusammen mit dem Schüler erörtert wird, welche Kompetenzen das Kind bereits erworben hat und welche Schwerpunkte im kommenden halben Jahr gesetzt werden sollten. Auf diese
Weise sind die Eltern ganz nah dran am Geschehen. Sie bringen
sich darüber hinaus auch ein bei Projekten, in der Raum- und

Freigeländegestaltung und sie spielen eine wichtige Rolle bei der Evaluation, einer sich regelmäßig wiederholenden Qualitäts-selbstkontrolle der Schule.

Wer am Futurum Elternsprecher ist, ist ganz nah dran an der Schulleitung und dem Trägervorstand. Er ist in die Planungen einbezogen und kann die Schule auf direktem Weg mitgestalten. Er nimmt Teil an den jährlich mindestens einmal stattfindenden Klausurtagungen des Lehrerteams mit dem Trägervorstand. Sandras Vater ist gerade Elternsprecher und hat zuhause viel zu erzählen, wenn er von einer Klausurtagung zurückkommt. Spannend war besonders, was er zu berichten hatte, als er vor wenigen Tagen aus Helsinki zurückkam. Die skandinavische Unterrichtsmethodik fasziniert einfach.

All das geht ihr durch den Kopf, während sie in der Cafeteria sitzt. Sie blickt zurück und lächelt. Es ist ein Rückblick in Dankbarkeit. Sie kann sich nicht vorstellen, Eltern zu haben, denen die Bildung ihrer Kinder gleichgültig ist.

Plötzlich steht Sandras Freundin Theres hinter ihr. Sandra erschrickt fast ein wenig, aber dann lachen sie beide. Theres erzählt ihr, dass soeben ihr Elterngespräch gelaufen ist. Gemeinsam mit dem Kontaktlehrer hat man entschieden, dass Theres bis zum Abitur an der Schule bleibt. Das war nicht selbstverständlich, wenn man an die ersten Jahre denkt. Theres hatte in den Klassenstufen 5-7 ziemliche Schwierigkeiten, ihr eigenes Lernen wirklich optimal zu strukturieren. Da war es gut, dass sie sich an den älteren Schülern orientieren konnte, die ihr Hilfestellungen geben konnten, weil sie in der gleichen Lerngruppe waren. Diese wiederum profitierten davon, weil sie gelerntes Wissen anwenden konnten. Heute kann Theres selbst anderen Schülern beim Lernen behilflich sein. Vor zwei Jahren hätte das noch niemand für möglich gehalten. Und nun die Entscheidung für das Abitur. Die beiden Mädchen freuen sich. Sie wissen nicht, dass dieser Weg von

Theres an anderen Schulen so nicht möglich gewesen wäre. Und sie brauchen das auch nicht zu wissen. Ihre Lebenswirklichkeit ist eine andere.

Sandra schaut auf die Uhr. Gleich muss sie hoch auf die Burg. Ein neues Projekt steht an, das die ganze Schule mit all ihren Fächern in den nächsten 4 Wochen beschäftigen wird. Wer glaubt, dass die Beschäftigung mit der Burg nur etwas für den Geschichtsunterricht sei, liegt völlig falsch! Sandra z.B. wird sich besonders für die mathematische Komponente interessieren. Angewandte Mathematik, statische Berechnungen, Architektur im weitesten Sinne interessieren sie sehr. Im Deutschunterricht sind Texte aus der Entstehungszeit der Burg dran, in Musik wird man auf die mittelalterliche Musizierweise eingehen. In Chemie werden die alten Alchimisten des Mittelalters wieder lebendig, die versuchten, auf künstlichem Wege Gold herzustellen. In Religion diskutiert man Leben und Frömmigkeit der mittelalterlichen Klöster. So zieht sich dieses Thema durch alle Schulbereiche. Dass dies Unterricht spannend machen kann, dass es mit dieser Methodik nie langweilig wird, das weiß Sandra aus den vielen Projekten, die sie bisher erlebt hat.

Gerade ging das Projekt „Wahlen" zu Ende. Anlass dafür waren die Bundestagswahlen, die Anfang September stattgefunden haben. Das war nicht nur ein Thema für Politikwissenschaft. Das war auch ein Thema für Mathematik z.B.! Prozentrechnung, Verhältnisrechnung waren ebenso dran wie die Geschichte der Demokratie, geographische Betrachtungen, wirtschaftliche Aspekte usw. Selbst in Religion wurde über das Verhältnis des Menschen zur Obrigkeit anhand von Paulus-Texten diskutiert.

Sandra freut sich, dass ihre Schule so günstig gelegen ist! Mit der Burg in direkter Nachbarschaft ist viel möglich. Greifbarer, anschaulicher Unterricht ist ein wesentlicher Aspekt dafür, dass sie sich hier wohlfühlt. Zurück von der Burg nimmt sie ihr Mittages-

sen ein. Anschließend beginnt die Phase des interessenorientier-
ten Lernens. In diesen Bereich fällt z.b. die musisch-kreative Bildung und der Sportunterricht. Hierbei wird besonders auf die
Zusammenarbeit mit Einrichtungen der Region Wert gelegt.
Sportvereine, Chöre, die Musikschule, die Philharmonie – alle
diese Einrichtungen sind Partner der Schule. Sandra hat wie alle
Schüler eine Jahresstundenzahl im musisch-kreativen Bereich.
Ihre Aktivität in der Musikschule z.b. darf sie auf diese Jahresstundenzahl anrechnen. Genauso funktioniert das bei Sportverei-
nen. Heute trainiert ihr Volleyballverein – deshalb verlässt sie die
Schule schon gegen 14 Uhr.

Gegen 16 Uhr ist sie zuhause. Duschen und Umziehen, dann geht
sie zum Bahnhof, um ihren Cousin Mark vom Zug abzuholen.
Mark ist Gymnasiast in einer 11. Klasse in Halle an der Saale. Er
ist ein relativ guter Schüler und hat wenig Probleme in der Schule. „Ihm fliegt es zu", sagen seine Eltern. Trotzdem mag er seine
Schule nicht. Sie ist für ihn wie ein Fremdkörper in seinem Leben.
Schule ist ein Muss. In seiner freien Zeit will er von Schule nichts
hören oder sehen. Er zählt die Tage, bis er sie endlich hinter sich
hat. Deswegen erntet Sandra auch erstmal ein Stirnrunzeln, als
sie ihm auf dem Weg vom Bahnhof nach Hause vorschlägt, ihm
einmal ihre Schule zeigen zu wollen! Aber dann vereinbaren sie
es doch für den Sonnabend-Vormittag. Das ist am Futurum leicht
möglich. Nach Absprache bekommen die Schüler auch an den
Abenden bzw. an den Wochenenden Zugang zu ihren Räumen und
zu den Materialien. Lernen ist etwas das ganze Leben Umfassen-
des. Es darf deshalb nicht auf die Schule und ihre vorgegebenen
Zeiten beschränkt bleiben. Und Lernen ist etwas den Menschen
Innewohnendes. In dem Maße, wie die herkömmliche Schule das
Lernen auf sie selbst beschränkt, behindert sie damit die Freude
am Lernen, den natürlichen Lerneifer.

Am Abend erzählt Mark dann seine Schulgeschichten. Im Früh-
sommer hat er beobachtet, wie die Abiturienten nach bestandener

Prüfung ihre Schulentlassung „feierten": Die Rituale, mit denen sie feierten, waren unterschiedlich. Aber sie brachten in der Mehrzahl vor allem eines zum Ausdruck: Die Freude darüber, dass man nie wieder mit all dem zu tun haben wird, was Schule heißt! Die Lehrer störte das offenbar nicht, möglicherweise haben sie das früher selbst so gehandhabt, viele sahen schmunzelnd zu! Mark sagte, er sei eigenartig berührt gewesen von diesen Szenen, und Sandra ist entsetzt: Was muss das für ein Leben bisher gewesen sein, wenn ich mich freue, mit dem, das meinen Lebensinhalt bisher dargestellt hat, nichts mehr zu tun zu haben! Meine Schule ist doch praktisch ein Stück von

mir selbst geworden! Was ich anwenden kann in meinem Leben hat doch hier, in diesem Haus, seinen Anfang genommen! Darauf bin ich doch stolz und komme gern wieder!

Dann erzählt Mark von den Ängsten seiner Mitschüler, wenn Arbeiten zurückgegeben werden. Wieder eine 5 oder 6 – das motiviert in keiner Weise! Das setzt unter Druck, weil die Noten kumulieren, eine 6 steht eben da bis zum Schuljahresende und wird mitgerechnet, ganz gleich, ob das Lernziel inzwischen erreicht wurde. Und dann kommt der Druck von Zuhause dazu. Langsam geht Sandra auf, wie es dazu kommt, dass man seiner Schule am liebsten den Rücken kehrt, obwohl das Schilderungen aus einer anderen Welt für sie sind.

Zensuren kennt sie nicht. Es gibt am Futurum nur 3 Bewertungsstufen: „Ich habe meine Aufgabe erfüllt", „Ich habe meine Auf-

*gabe gut erfüllt" und „Ich habe meine Aufgabe sehr gut erfüllt".
Und was das Beste ist: Sandra legt <u>vor</u> einer Klassenarbeit in
Absprache mit ihrem Kontaktlehrer fest, welches Niveau sie erreichen will. Im übertragenen Sinne könnte man also sagen: Sie
sucht sich ihre Note vorher aus. Das bringt jede Menge Erfolgs-
erlebnisse, während Angst und Frust außen vor bleiben. Und am
Ende des Jahres gibt es umfassende Kompetenzbeschreibungen,
die vom Lehrer mit dem Schüler und den Eltern durchgesprochen
werden. Dabei wird eine genaue Analyse vorgenommen: Wo steht
mein Kind? Welche Kompetenzen hat es im zurückliegenden Zeitraum erworben? Das sagt viel mehr aus als die Note 2 oder die
Note 4. Und dann wird gemeinsam festgelegt, worauf im nächsten
halben Jahr die Schwerpunkte gelegt werden. Bei Bedarf, z.B.
wenn ein Schulwechsel wegen Wegzug der Familie ansteht, können diese Kompetenzbeschreibungen ganz leicht in vergleichbare
Noten umgerechnet werden.*

*Auch vor den Prüfungen des Abiturs hat sie keine Angst. Noch ist
es ein paar Jahre hin, aber sie ist jetzt schon gut darauf vorberei-
tet. Am Futurum wird jedes Jahr mit einer Prüfung abgeschlos-
sen. Einmal um die Schüler natürlich darauf vorzubereiten. So
wissen sie genau, was auf sie zukommt. Sandra hat dies schon 3x
erlebt. Zum anderen, um sich mit anderen Schulen zu messen.
Vergleichsarbeiten, die landes- oder deutschlandweit geschrieben
werden, haben am Futurum einen hohen Stellenwert. Man weiß
dadurch, wo man selbst steht und kann seinen Anspruch, die
staatlichen Bildungsziele nicht nur zu erreichen, sondern mög-
lichst zu übertreffen, transparent machen.*

*Noch lange diskutieren die beiden an diesem Abend. Und Sandra
schafft es, das Mark doch ein wenig neugierig ist, auf das, was er
morgen zu sehen bekommt.*

Die Geschichte von Sandra Berg geht weiter. Der nächste Abschnitt steht in meinem Buch „Nie wieder Zensuren – Schritte auf

dem Weg zu einer guten Schule (2)", das Anfang 2010 erscheinen soll.

Hausaufgaben als Element der „alten Lernkultur"

Wenn man über „alte" Lernkultur spricht, darf man nicht den Fehler machen, ein chronologisches Nacheinander von alt und neu anzunehmen. Das würde dann bedeuten, alles, was bisher auf dem Gebiet der Bildungswissenschaft geschehen ist, pauschal dem Alten zuzuweisen und damit zu verurteilen. Es geht um qualitative Unterschiede, um inhaltliche Abgrenzung, nicht um zeitliche Abfolge. Bereits im 19. Jahrhundert gab es bemerkenswerte Ansätze, die bereits den Geist einer neuen Lernkultur atmeten. Dagegen ist ein Festhalten an der alten Lernkultur noch im 21. Jahrhundert schmerzhaft spürbar.

Interessant ist, dass viele Reformpädagogen und Vordenker der neuen Lernkultur im 19. und 20. Jahrhundert die Hausaufgaben-Praxis grundlegend reformieren wollten bzw. ganz ablehnten. Bereits im 19. Jahrhundert wiesen Eltern, Ärzte und Erzieher auf Missstände hin, die auf überladene Unterrichtspläne und auf ein Überbürden der Schüler mit Hausaufgaben zurückzuführen sind.[13] Die sichtbare Überforderung der Schüler ist also bereits zu diesem frühen Zeitpunkt augenfällig. Anfang des 20. Jahrhunderts kommen pädagogische Argumente dazu. Schanze schreibt 1907, dass die Aufgaben zu Übungszwecken wegen ihrer hohen Bedeutung „aus den unmethodischen Händen der häuslichen Berater in

---

[13] Scheibert: Päd. Rev. 1849, S. 61: „Die Schulen haben von ihrem Einfluß und ihrer Anerkennung sehr verloren und an Missliebigkeit beim Publicum sehr zugenommen, seit sie so viel Gewicht auf häusliche Aufgaben gegeben und so ihr Lehrgeschäft fast ganz und gar in das elterliche Haus gelegt haben."

34

die methodischen Hände des Lehrers" gebracht werden müssen.[14] Er erkennt bereits, dass in Folge der Hausaufgaben Betrug, Fälschung und Täuschung auftreten würden. Allerdings zieht er mit den „methodischen Händen des Lehrers" einen Schluss, der die Notwendigkeit der Selbstbestimmtheit der Hausaufgaben durch die Schüler noch nicht in den Blick nimmt.

Freilich gab es damals auch Befürworter der Hausaufgaben-Praxis. Sie argumentieren mit der „Reinschen Stufenaufteilung" (Vorbereitung, Darbietung, Verknüpfung, Zusammenfassung, Anwendung). Danach sollen Hausaufgaben bevorzugt der Verlängerung und Weiterführung des Unterrichts dienen. Hausaufgaben haben also die Funktion, den im Unterricht behandelten Stoff durch mechanische Übungen und durch Einprägen zu sichern. Dieser Funktion wird eine hohe Wertschätzung entgegengebracht, da die wiederholende Übung außerhalb der Schule scheinbar eine Selbsttätigkeit der Schüler voraussetzt. Auch die Vertreter der alten Lernkultur haben durchaus geahnt, dass es wesentlich auf diese Selbsttätigkeit ankommt, auch wenn es damals den Begriff „selbstbestimmtes Lernen" noch nicht gab. Aber es wurden falsche Schlüsse daraus gezogen. Noch gab es keine durchgreifenden Konsequenzen für die Hausaufgaben-Praxis, noch war nicht im Bewusstsein, dass sich Hausaufgaben und Selbsttätigkeit der Schüler geradezu ausschließen. Im Gegenteil: manche forderten allen Ernstes, den Hausaufgaben mehr Priorität einzuräumen als dem Unterricht selbst.[15]

Erst die Reformpädagogen des beginnenden 20. Jahrhunderts vollzogen einen Perspektivwechsel in der Sicht auf das Kind, indem sie lehrten, dass vom Kinde auszugehen ist und dass die Eigentätigkeit des Kindes für dessen Welterkenntnis von enormer

---

[14] Schanze, G.: Hausaufgaben. In: Gesunde Jugend, 1907, S. 295

[15] Beneke, F.E.: Erziehungs- und Unterrichtslehre, Bd. 2, Stichwort: Häusliche Arbeiten. Berlin, 4. Aufl. 1876, S. 460

Bedeutung sei.[16] Sie erkannten bereits, dass Hausaufgaben nicht dem Bereich des selbstbestimmten Lernens zuzuordnen sind. Es bleiben fremdbestimmte Aufgaben, die die Eigeninitiative des Schülers eher hemmen. Folgerichtig lehnten die Reformpädagogen die Hausaufgaben als „Zwangsinstrument" der Schule ab. Jedoch unterschieden besonders Otto, Montessori und Kerschensteiner zwischen Hausaufgaben als Pflichtaufgaben und Hausaufgaben als freiwillige Leistungen. Mit dieser Unterscheidung sind die genannten Reformpädagogen bereits dicht an der heutigen Beschreibung neuer Lernkultur dran.

Wann immer Hausaufgaben als Pflichtaufgaben erteilt werden, sei es, weil der Lehrstoff nicht geschafft wird, weil die Klasse oder der Schüler diszipliniert werden muss, oder weil tatsächlich davon ausgegangen wird, dass Hausaufgaben das eigenverantwortliche Lernen unterstützen, gehören Hausaufgaben zum Bereich der „alten" Lernkultur. Diese wollen wir überwinden und ersetzen durch eine „neue". Im Blick auf die Hausaufgaben heißt dies aber nicht, dass der Schüler nichts mehr zuhause tun dürfe! Was von den Reformpädagogen Anfang des 20. Jahrhunderts mit „Hausaufgaben als freiwillige Leistung" umschrieben wurde, lässt sich etwa so darstellen: Die Hausaufgaben müssen der regulierenden Aufsicht und Einwirkung der Lehrer entzogen sein. Sie müssen selbstständige Leistungen darstellen. Keinesfalls dürfen sie sich in reproduzierenden Wiederholungsaufgaben erschöpfen, die in der Schule eingeübte Techniken vertiefen sollen.[17]

Wenn wir jetzt die gegenwärtige Hausaufgabenpraxis dagegenhalten, wird sehr schnell klar, wie tief wir noch in der alten Lernkultur stecken. Nach wie vor werden Hausaufgaben lehrer- bzw. lehrplanorientiert aufgegeben. Inhalt und Umfang der Hausaufga-

---

[16] Berühmt ist Montessoris Vergleich: Ein Kind ist kein leeres Gefäß, das man mit Wissen füllen muss, sondern es trägt dieses Wissen bereits in sich, das sich behutsam entwickeln und entfalten muss.

[17] Gaudig, H.: Didaktische Ketzereien, Leipzig-Berlin, 1904, S. 99

ben werden vom zu erreichenden Stoff vorgegeben. Dies bringt mit sich, dass der Schüler den Sinn der Hausaufgaben oft nicht versteht und mit entsprechender Unlust an die Aufgaben herangeht. Seinen allgemeinen Schulfrust wird diese Tatsache nicht kleiner werden lassen.

Wenn wir die Hausaufgabenpraxis an unseren Schulen betrachten, fällt vor allem auf, wie sie auf den Unterricht zurückwirken: in bestimmten hausaufgabenzentrierten Fächern kann man einen Unterrichtstyp erleben, bei dem die Hausaufgabenbehandlung den Höhepunkt der Stunde darstellt. Diesen Unterrichtstyp können wir als „Hausaufgaben vor- und nachbereitenden Unterricht" kennzeichnen. Nach der Begrüßung folgen stereotyp mehr oder weniger ausgedehnte Phasen einer retrospektiven und prospektiven Hausaufgabenbesprechung. Dies führt zu einer durch den permanenten Hausaufgabenbezug hervorgerufenen Monotonie und Kanalisierung des Unterrichtsablaufs.

Das, was wir unter „alter Lernkultur" beschreiben, ist ein lerntheoretischer Ansatz, der einem so genannten Lehr-/Lernkurzschluss unterliegt: dabei wird davon ausgegangen, dass das, was von den Lehrern gelehrt wird, auch das ist, was von den Schülern gelernt wird.[18] Unterrichten vollzieht sich dabei als die Weitergabe von verfügbaren Wissensbeständen an die Lernenden und Lernen erschöpft sich weitgehend in der Reproduktion des bereits vorhandenen Wissens. Das Schaffen von Neuem durch die Schüler, das heißt: Kreativität, hat hierbei keine nennenswerte Bedeutung. Wie reduziert sich die Anforderungen an den Schüler gestalten, soll folgendes Bild illustrieren: „Der Lernende setzt nur seine Sinne ein, öffnet Augen und Ohren und versucht nachzuahmen,

---

[18] Holzkamp, K.: Lernen. Subjektwissenschaftliche Grundlegung. Frankfurt/Main, New York, 1993.

was ihm vorgemacht wird, bleibt aber ansonsten passiv. Er lässt sich gewissermaßen wie ein Schiff beladen."[19]

Der frontal ausgerichtete Unterricht mit Lehrervortrag sowie die fragend-entwickelnde Methode bestimmen immer noch die Unterrichtswirklichkeit an den meisten unserer Schulen. Aufmerksam sein, zuhören, stillsitzen und sich konzentrieren sind demnach immer noch Verhaltensweisen, die die Lehrer in der Regel für ihren Unterricht voraussetzen und die sie nach wie vor im Anfangsunterricht „ganz gezielt" einführen und einsetzen.[20]

Ilse Nilshon nennt diesen Lerntyp, dem eine geschlossene Vermittlungs- und Aneignungsstruktur zugrunde liegt, den „Lerntyp des geschlossenen Lernens".[21] Er ist gekennzeichnet durch einen Unterricht, der nach den Prinzipien der kleinen und kleinsten Schritte, des linearen Aufbaus, der methodischen Stufung sowie der Isolierung der Lernschwierigkeiten aufgebaut ist. Hausaufgaben als ein wesentliches Instrument schulischen Lernens sind an genau diesen Lerntyp gebunden.

Aber dieser Lerntyp, insbesondere durch seine Praxis der Reproduktion vorhandener Wissensbestände schließt zwangsläufig eine Praxis der Lernenden als selbstständig aneignende Subjekte aus! Zu wenige Pädagogen fühlen sich dafür verantwortlich, den Lernkontext der Schüler so zu gestalten, dass sich individuelle Interessen und Lernwege der Kinder entwickeln und durch die Zusammenarbeit mit Mitschülern sowie die Unterstützung von

---

[19] Wittmann, E. Ch.: Wider die Flut der „bunten Hunde" und der „grauen Päckchen": Die Konzeption des aktiv-entdeckenden Lernens und des produktiven Übens. In: SMP, 17. Jg. 1989, Heft 10, S. 446

[20] Fölling-Albers, M.: Schulkinder heute. Auswirkungen veränderter Kindheit auf Unterricht und Schulleben. Weinheim, Basel, 1992, S. 45f.

[21] Nilshon, I.: Schule ohne Hausaufgaben? Eine empirische Studie zu den Auswirkungen der Integration von Hausaufgabenfunktionen in den Unterricht einer Ganztagsschule. Münster, New York, 1995, S. 20ff.

38

Pädagogen weiter ausprägen können. Im Allgemeinen wird von den Lehrern darauf gebaut, dass die Kinder das notwendige Maß an Selbstständigkeit schon von zu Hause mitbringen oder aber – falls dies nicht der Fall ist – es durch unterstützendes Zuarbeiten der Eltern sozusagen während der Grundschulzeit noch nachgeliefert wird.

Aber was bedeutet das für die Entwicklung des Schülers? In der Schule wird er mit dem geschlossenen Lerntyp und mit der Anforderung der permanenten Reproduktion der bereits verfügbaren Wissensbestände konfrontiert. Im Elternhaus dagegen, wo er entweder mit Unterstützung der Eltern oder im Alleingang seine Selbstständigkeitsentwicklung unter Beweis zu stellen hat, ist mehr als nur die wiederholende Reproduktion der in der Schule vermittelten Wissensbestände gefordert. Dies führt bei vielen Schülern zu einem eigenartigen Widerspruch zwischen Über- und Unterforderung, der als eine der Ursachen für die in beiden Lebensbereichen diagnostizierte Zunahme an Aggressionen gelten kann: Im Elternhaus findet eine Überforderung durch die an Hausaufgaben geknüpften Anforderungen statt, verbunden mit den Erwartungen der Eltern in Bezug auf die schulischen Abschlüsse, in der Schule ist eine Unterforderung zu verzeichnen, weil die Kompetenzen zum selbstständigen und eigenverantwortlichen Handeln, über die die Kinder schon verfügen, nicht angemessen aufgegriffen und in selbstständige und selbstbestimmte Gestaltungsmöglichkeiten umgesetzt und weiterentwickelt werden.[22]

Abhilfe kann hier nur eines schaffen: Hausaufgaben (wenn wir sie in der neuen Lernkultur überhaupt noch so nennen wollen) müssen schülerorientiert sein! Wir müssen lernen, vom Schüler her zu denken. Das ist grundsätzlich wichtig, denn eine gute Schule

---

[22] Nilshon, Ilse: Hausaufgaben und selbständiges Lernen. Projektheft 1/99, Projekt: „Lebenswelten als Lernwelten". München: Deutsches Jugendinstitut, S. 40f.

muss sich am Potenzial jedes einzelnen Schülers orientieren, nicht der Schüler am Schulsystem.[23] Die Schule muss Antworten auf die Fragen des Kindes geben. Sie darf dem Kind nicht ihre eigenen Themen überstülpen. Für die Hausaufgaben heißt das: Wann immer ein Kind ein Thema bearbeitet, das sein Interesse, seine Phantasie, seine Lernfreude fordert, darf dieses Thema nicht auf die Schule begrenzt bleiben. Der Schüler muss die Möglichkeit bekommen, auch außerhalb der Schule an diesem Thema dranzubleiben. Die Schule braucht eine gut sortierte Bibliothek, um Schülern die Möglichkeit zu geben, am Thema zu forschen, Querverweise zur Kenntnis zu nehmen, zu vernetzen. Es muss möglich sein, Materialien mit nach Hause zu nehmen, um zu Hause weiter am Thema zu arbeiten. Auf diese Weise werden Eltern auch aktiv in den Lernprozess einbezogen und erhalten Informationen über das Lernverhalten ihres Kindes.

Der Unterschied wird deutlich: Natürlich darf ein Kind außerhalb der Schule arbeiten. Diese Arbeit wird ihn dann voranbringen, wenn sie selbstbestimmt ist. Er wird dann etwas lernen, wenn er die Fragen bearbeitet, die ihn beschäftigen.

Das können wir jetzt nicht mehr „Hausaufgaben" im herkömmlichen Sinne nennen. Es ist ein Lernen außerhalb der Schule, ganz im Sinne der neuen Lernkultur, die Lernen nicht auf die Institution Schule beschränkt, sondern das ganze Leben als Lernfeld beschreibt.

[23] UN-Sonderberichterstatter Vernor Muñoz.
www.netzwerk-bildungsfreiheit.de/pdf/Mission_on_Germany_DE.pdf

Hauptargumente gegen Hausaufgaben

Hausaufgaben haben keine leistungsfördernde Wirkung

Untersuchungen in den 70er Jahren des vergangenen Jahrhunderts ließen kurz aufhorchen, gerieten dann aber schnell wieder in Vergessenheit. „Hausaufgaben haben keine leistungsfördernde Wirkung!", so ihr Ergebnis. Ich wiederhole: Keine! Null! Warum wird dann an ihnen festgehalten? Damals wurden Modellversuche gemacht: Zwei Schulen mit identischem Lernstoff, die eine mit, die andere ohne Hausaufgaben. Am Ende des Schuljahres hat man beide Schulen mit ihren Klassenverbänden einem identischen Test unterzogen. Das Ergebnis war unglaublich: Der Wissensstand der Schüler war absolut gleich! Was unterschiedlich war, war die Zustimmung der Schüler zu ihrer Schule und ihre Lust, dort zu lernen! Wenn nun Hausaufgaben keine positiven Auswirkungen auf den Wissensstand haben, die Kinder aber deutlich lieber in eine Schule ohne Hausaufgaben gehen, müssen wir zwangsläufig fragen, warum an dieser nachweislich falschen Praxis festgehalten wird. Folgerichtig wurde in der Literatur auch gefordert: „Schluss mit den Hausaufgaben!"[24] 1978 wurde dann in einer Studie nachgewiesen, dass die Schulleistungen der Schüler sogar sinken, je länger die Zeit ist, die täglich für Hausaufgaben aufgewendet werden muss.[25]

---

[24] Speichert, H.: Aktion: Schluss mit den Hausaufgaben! In: betrifft: erziehung. 5. Jg. 1972, H. 10, S. 21-24

[25] Schenke, R.: Elterneinstellung zur Hausaufgabe und deren Auswirkungen auf die Schulleistungen. In: Psychologie in Erziehung und Unterricht, 25. Jg. 1978, S. 302-305

Diese Untersuchungen waren nicht die ersten auf diesem Gebiet. Es gab sie regelmäßig bereits vorher und auch nach den 70er Jahren. Lediglich die öffentliche Aufmerksamkeit war in den 70er Jahren besonders hoch. Alle diese Untersuchungen hatten jedoch gemeinsam, dass sie leicht angreifbar waren, da sie zwar nach den komplexen Regeln der wissenschaftlichen Herangehensweise aufgelegt wurden, diese aber nicht zu 100 % erfüllten. Bereits im Jahr 1929 wurden von H. Holtorf 399 Schüler zu ihren häuslichen Arbeiten im mathematischen Bereich sowie im Fach Deutsch befragt. In anderen Untersuchungen waren es 500 Probanden. Natürlich kann man hier von nicht viel mehr als einer kleinen Stichprobe sprechen. Dies kennzeichnet mehr oder weniger alle diese Untersuchungen. Man mag den Initiatoren dieser Studien kein methodisch unzureichendes Vorgehen vorwerfen. Aber diese Stichprobenstudien führten immer wieder dazu, dass Hausaufgabenbefürworter leichtes Spiel hatten und die Wirksamkeit dieser Untersuchungen nie über eine kurzzeitige Aufregung hinauskam, obwohl sie wichtige Beiträge zur Hausaufgabenforschung darstellten.

Allerdings sollte man den Vorwurf der Unwissenschaftlichkeit nicht an der Zahl der Befragten festmachen. Bei repräsentativen Befragungen sind es manchmal auch nicht mehr Befragte. Es kommt dabei in erster Linie auf die Zusammensetzung der Befragten an. Erstaunlich ist jedoch, dass der Vorwurf der Unwissenschaftlichkeit immer nur in eine Richtung erhoben wird, nämlich um die Untersuchungen, die die Unsinnigkeit der Hausaufgaben belegen, zu diskreditieren. Dagegen ist mir nicht eine einzige Studie bekannt, die empirisch gewonnene Daten vorlegt, die die These untermauern könnten, dass Hausaufgaben die Selbstständigkeit und die Leistungsfähigkeit der Schüler fördern würde.

Der aktuellen Studie der Technischen Universität Dresden ist zu wünschen, dass ihre Wirkungsgeschichte über den Status einer kurzzeitigen Aufregung hinaus geht und Breitenwirkung erzielt. Über das Jahr 2007 hat Professor H. Gängler untersucht, welche Wirkung Angebote zur Hausaufgabenbetreuung haben. Zum anderen hat er mit Eltern, Lehrern und Schülern über Hausaufgaben gesprochen. Sein Fazit: Hausaufgaben haben keinerlei Effekt in Hinblick auf die Schulleistung, Hausaufgaben bringen überhaupt nichts, Hausaufgaben sind überflüssig. Laut Gängler werden gute Schüler durch Hausaufgaben nicht unbedingt noch besser. Schlechte Schüler begriffen zu Hause durch bloßes Wiederholen noch lange nicht, was sie schon am Vormittag nicht richtig verstanden hätten. Ob man Hausaufgaben direkt nach der Schule, nachts unter der Bettdecke oder gar nicht mache, habe den gleichen Effekt auf die Zeugniszensuren – nämlich keinen.

Außerdem sehen die Experten ein zusätzliches Problem: Wenn die Hausaufgaben zuhause gemacht werden, haben Schüler aus einkommensschwachen Familien einen klaren Nachteil. Fast fünf Milliarden Euro werden in Deutschland jedes Jahr für Nachhilfestunden und Hausaufgabenbetreuung bezahlt. Gängler empfiehlt als Alternative die Ganztagsschule mit ihrem kostenlosen Angebot – und plädiert für den Wissenserwerb direkt im Unterricht. Die Ergebnisse des Instituts für Berufliche Fachrichtungen dürften Musik in den Ohren von stressgeplagten Schülern und Eltern sein. Trotzdem hält sich die öffentliche Diskussion darüber in Grenzen.

Unabhängig von der Wissenschaftlichkeit der Herangehensweise: Da werden sage und schreibe 100 Jahre lang immer wieder die gleichen Untersuchungen aufgelegt, immer wieder mit dem gleichen Ergebnis. Warum nur ändert sich an der Praxis so gut wie nichts? Warum nur hält sich eine offensichtlich falsche Praxis so zäh, obwohl sie doch so mannigfaltige fatale Auswirkungen auf das Lernverhalten der Schüler hat?

Die Experten der TU Dresden haben darauf eine frappierende Antwort: Alles sei bloß ein pädagogisches Ritual, sagen sie und sind sich ihrer Sache sicher: Es handele sich bei den Hausaufgaben "offenbar mehr um ein pädagogisches Ritual als um eine im schulischen Sinn Erfolg versprechende Maßnahme", heißt es auf der Homepage.[26] Dabei sei es "fast schon empörend, dass Hausaufgaben von Lehrern einfach 'verschrieben' werden, in der Annahme, sie würden schon irgendeinen positiven Effekt haben."

Ein pädagogisches Ritual? Ein aus dem vorletzten Jahrhundert übrig gebliebenes Relikt, das nur um seiner selbst willen existiert, weil es eben immer schon so war? Unglaublich! Ist es Ignoranz, die die Untersuchungsergebnisse in den Wind schlägt oder gar eine gehörige Portion Schadenfreude: „Ich habe auch Hausaufgaben machen müssen – ich habe auch darunter gestöhnt – letztendlich hat es mir aber nicht geschadet – also musst du auch ran!'"? Das Fatale daran ist, dass dies nicht etwa nur von der Schule ausgeht! Auch Eltern verinnerlichen diese Sichtweise so sehr, dass – so Untersuchungen aus den 70er Jahren –[27] drei Viertel der Eltern Hausaufgaben als „sehr nützlich" oder „nützlich für ihr Kind" einschätzen. Diese Einschätzung ist aber nicht das Ergebnis einer langjährigen Beschäftigung mit der Institution Hausaufgaben sondern entsteht aus der fatalen Haltung: „Es war schon immer so!"

Deutlich wird: eine solche Haltung, die störrisch festhält an Überkommenem, die nur noch Rituale pflegt, wird den Anforderungen des Lebens in einer immer schneller sich verändernden Welt nicht gerecht.

---

[26] tu-dresden.de/aktuelles/newsarchiv/2008/2/hausaufgaben/newsarticle_view

[27] Kirn, R.: Die Hausaufgaben in der Einschätzung der Eltern und Schüler. In: Schulversuche und Schulreform, Bd. 16, Hausaufgaben empirisch untersucht, Hannover, 1978.

44

Schon im 13. Jahrhundert ahnte man in der Medizin, dass die Praxis des Aderlasses den Kranken nicht wirklich hilft, sie im Gegenteil oft nur noch kränker macht. Die ersten vorsichtigen Mahner wurden verketzert, galt doch in der damaligen Schulmedizin die Ansicht, die Unausgeglichenheit der Körpersäfte sei die Ursache vieler Krankheiten und man müsse durch einen Aderlass die Ausgeglichenheit wiederherstellen, als unumstößliches medizinisches Prinzip. Generationen von medizinisch fortschrittlich denkenden Menschen wurden danach mit einer „Es-war-schon-immer-so-Argumentation" mundtot gemacht. Die Praxis des Aderlasses hielt sich vereinzelt bis ins 19. Jahrhundert! Ein Ritual, das sich verselbstständigt hatte.

Wie sehr es sich bei den Hausaufgaben tatsächlich um ein Ritual handelt, um ein „durch Jahrhunderte verewigtes Tabu"[28], das man nicht angreifen sollte, wird dadurch deutlich, dass die Initiatoren der Studie der TU Dresden selbst schon wieder zurückrudern, um die Praxis, die sie als falsch erkannt haben, ja nicht in Frage zu stellen: „Zunächst muss an dieser Stelle das Missverständnis ausgeräumt werden, dass die TU Dresden (Prof. Dr. Hans Gängler) eine ‚Hausaufgabenstudie' durchgeführt hat, nach deren Ergebnissen Hausaufgaben überflüssig wären."[29] Warum kann dieses renommierte Institut nicht offen sagen, was sie herausgefunden haben, nämlich: „Schluss mit den Hausaufgaben"? Ahnt man, dass dies einer Revolution gleichkäme, die alles bisher Dagewesene aufwühlt und die Gemütlichkeit, in der wir uns im Bildungssektor eingerichtet haben, empfindlich stören würde? Das könnte zumindest ein Grund dafür sein, dass man dieses Tabu nicht bre-

---

[28] Schwemmer, H.: Was Hausaufgaben anrichten. Von der Fragwürdigkeit eines durch Jahrhunderte verewigten Tabus in der Hausaufgabenschule unserer Zeit. Paderborn, München, Wien, Zürich, 1980.
[29] http://tu-dresden.de/die_tu_dresden/fakultaeten/erzw/erzwibf/sp/forschung/ganztagsschule/aktuelles

chen will. Aber wir brauchen diese Revolution und wir brauchen sie dringend.

Hausaufgaben stören die Entwicklung selbständigen Lernens

Jedes Kind lernt. Jedes Kind will lernen und jedes Kind lernt gern. In der frühkindlichen Phase der Entwicklung kann man diese Behauptungen am besten verifizieren. Wann hat Ihr Kind seine ersten Schritte gemacht? Mit 11 Monaten? Und der Nachbarsjunge? Erst mit 14 Monaten? Und ist das ein Grund zur Beunruhigung für irgendjemand? Nein, natürlich nicht. Denn wir lernen nicht im Gleichschritt. Das wissen wir Eltern. Und sind ganz entspannt. Wenn es erst ein paar Monate später läuft als andere Kinder, dann spricht es vielleicht ein bisschen eher.

Wie hat Ihr Kind laufen gelernt? Sie haben es bestimmt nicht dazu gezwungen. Es hat irgendwann einmal damit begonnen, sich hochzuziehen an einem Tischbein oder einer Schrankkante – die Anstrengung war ihm anzusehen -, es ist umgefallen, auf seinem windelgepolsterten Hinterteil gelandet, hat es wieder probiert, wieder und wieder, bis es dann das erste Mal freihändig stand. Warum ist dieser Vorgang ein Beweis dafür, dass das Kind lernen will? Ganz einfach: Herumgetragen zu

werden ist deutlich weniger anstrengend. Es ist deutlich beque-
mer. Aber wir werden nicht geboren als Menschen, die sich immer und von vornherein das Bequeme und das am wenigsten An-
strengende suchen, sondern als Menschen, die lernen wollen,
denen Lernen Freude macht und die dafür auch ungeahnte Anstrengungen auf sich nehmen können.

Was glauben Sie, wo unsere Welt heute stehen könnte, wenn wir
uns diese Gabe, die wir von Geburt an für unser Leben mitbe-
kommen haben, erhalten würden, bis an unser Lebensende? Lei-
der erhalten wir uns diese Gabe im Großen und Ganzen kaum.
Irgendwann haben wir uns auf das reduziert, was wir für mensch-
liches Erwachsenen-Normalmaß halten und suchen ständig nach
dem Weg des geringsten Widerstandes, meiden Anstrengung und
loben die Bequemlichkeit – wir haben das Lernen verlernt!

Aber wie konnte das passieren? Und wann? Zwischen der Lernfreude und dem Lernwillen des Vorschulkindes und der Bequemlichkeit des Erwachsenen liegt die Institution Schule mit ihrer
alten Lernkultur, mit all ihren überkommenen Ritualen, zu denen
auch die Hausaufgaben gehören. Sollte es hier vielleicht Zusam-
menhänge geben? Natürlich gibt es die.

Das, was ein Kind tut, wenn es Laufen oder Sprechen lernt, ist
selbständiges Lernen, ein Lernen, das von innen kommt, das in
ihm angelegt ist. Das Pauken von Latein-Vokabeln dagegen ist im
Kind nicht angelegt. Hierbei handelt es sich um fremdbestimmtes,
aufgezwungenes Lernen. (Es sei denn, das Kind verbindet mit
Latein eine für ihn wichtige Bedeutsamkeit, dann wird es Latein-
vokabeln von allein pauken!)

Deutlich wird: Schule muss eines leisten: sie muss selbstständiges
Lernen fördern! Im Moment jedoch behindert sie dieses eher. Wir
brauchen einen Systemwechsel hin zu einer neuen Lernkultur, hin

zu Bildungseinrichtungen, die für die Kinder da sind, von ihnen aus denken und sie in ihrer Entwicklung begleiten und helfen.

Schon Maria Montessori formulierte vor fast 100 Jahren, dass unsere Kinder keine leeren Gefäße seien, die mit Wissen gefüllt werden müssten, sondern dass dieses Wissen in ihnen ange-legt sei und die Aufgabe des Erziehers darin bestünde, dies (im ursprünglichen Sinn des Wortes) zu „entwickeln". Und jetzt überlegen Sie bitte, wie viele unserer Bildungseinrich-tungen 100 Jahre nach dieser bahnbrechenden Erkenntnis immer noch so arbeiten, als seien Kinder eben diese leeren Gefäße! (Und sie wundern sich dann, warum einige die-ser „Gefäße" einfach nicht voll zu bekommen sind!)

Hausaufgaben im Speziellen sind Teil dieser alten Lernkultur, Teil dieser Sicht des Kindes als leeres Gefäß. Hausaufgaben wer-den aufgegeben, damit das Quantum, das man am Vormittag nicht geschafft hat, hineinzuschütten, doch noch dazukommt. Hausauf-gaben in der bisher praktizierten Form sind ausschließlich fremd-bestimmt, meist für die Schüler unverständlich. Wenn der Stoff am Vormittag nicht verstanden wurde, nützen auch vier Stunden Hausaufgaben nichts. Sie tragen lediglich dazu bei, das Lernen zu verlernen, wie wir oben gezeigt haben, denn die Freude am Ler-nen weicht einem Frust und einer Angst, die von jetzt an das Ler-nen bestimmt.

Insofern wird auch klar, warum sich Hausaufgaben nicht als didaktisches Verfahren der Schule zur Befestigung von Unterrichtsinhalten eignen. Sie sind auch kein geeignetes methodisches Instrument, um besondere Persönlichkeitsmerkmale der Schüler, wie Belastbarkeit, Ausdauer, Konzentrationsfähigkeit und Arbeitstempo, messen zu können. Jegliche Fremdbestimmung, jeglicher Zwang würde hier die Ergebnisse verfälschen. Aufgaben, die ein Kind zuhause erledigt, müssen selbstbestimmt sein, wie alles, was mit dem Lernen zusammenhängt. Nur dann kann es sich optimal entwickeln. Wir brauchen dafür den Systemwechsel an unseren Bildungseinrichtungen. Der Verzicht auf die Hausaufgaben kann ein erster Schritt dahin sein.

Hausaufgaben machen Eltern zu Bütteln der Schule

Sie wissen mit dem Wort „Büttel" nichts anzufangen? Gut, geben wir eine kurze Geschichtsstunde. Die ursprüngliche Bedeutung des Wortes ist bei Gericht zu suchen. Der Büttel war eine Art Gerichtsdiener, ein Bote, der etwas bekanntzumachen hatte (mittelhochdeutsch „Bütel", althochdeutsch „Butil", von der alten Bedeutung bieten – aufbieten – Aufgebot abgeleitet), der eine Entscheidung des Gerichtes jemanden wissen ließ. Schon bald lag es auch im Aufgabenbereich des Büttels, jemanden dem Gericht zuzuführen, er war auch „Häscher". Dieser Aufgabenbereich war auch verantwortlich dafür, dass der Büttel die Bedeutung „Ordnungshüter", „Polizist" bekam. In Preußen waren diese Begriffe zeitweise deckungsgleich. Verallgemeinernd kann man mit dem Duden einschätzen, dass der Büttel jemand ist, „der diensteifrig

das ausführt, was eine Obrigkeit, ein Vorgesetzter [von ihm] verlangt".[30]

Spätestens jetzt wird die Verbindung zu den Hausaufgaben klar:
Eltern führen bei den Hausaufgaben diensteifrig das aus, was die
Schule von ihnen verlangt, ohne nachzufragen, obrigkeitshörig
und schlagstockschwingend, wie man sich die preußischen Büttel
halt vorstellt. Eltern stehen bei der Erledigung der Hausaufgaben
argwöhnisch aufpassend hinter ihren Kindern, und inwieweit der
Schlagstock dabei wirklich eine Rolle spielt, verschwindet barm-
herzig in einer Dunkelziffer.

Viele Eltern geben sich große Mühe bei der Erziehung ihrer Kinder, versuchen, diese Erziehung für das Kind angstfrei zu gestalten. Wie wichtig angstfreies Lernen für die Entwicklung ist, haben wir oben beschrieben. Erstaunlich ist aber, wie schnell diese
über sechs Jahre geübte Praxis schwindet, sobald die ersten Hausaufgaben auf dem Tisch liegen. Dann werden aus liebevollen
Begleitern des Kindes, aus Bezugspersonen, denen das Kind bisher ein Urvertrauen entgegengebracht hat, plötzlich Vollzugsbe-
amte. Mit dem Hinweis auf den „Ernst des Lebens", der jetzt
beginne, spielen die Fragen des Kindes keine Rolle mehr; es geht
nur noch um Pflichterfüllung. Hinterfragt das Kind dies, bekommt es Antworten wie „Das gehört eben dazu" oder „Das muss
so sein". Seine Kreativität, die es im Spielen entfalten kann, ver-
kümmert, seine Lernlust nimmt oftmals irreparablen Schaden.

Es gibt sicher viele Gründe dafür, warum ein Kind sich auf die
Schule freut, es kaum erwarten kann, endlich zur Schule gehen zu
dürfen, dann aber nach zwei Jahren von dieser Freude kaum noch
etwas vorhanden ist. Machen Sie den Test, sprechen Sie Kinder
an, ein paar Tage vor ihrer Einschulung und nach zwei Jahren.
Das Ergebnis ist frappierend! Der Frontalunterricht, das Lernen

---

[30] Duden – Deutsches Universalwörterbuch 2001

im Gleichschritt mögen zu diesen Gründen gehören – die Hausaufgaben gehören sicher dazu!

Die Hausaufgabenpraxis stört das Verhältnis zwischen Eltern und Kind nachhaltig. Der Umgang miteinander, während Hausaufgaben erledigt werden, ist ein Umgang, der nicht entweder vom Kind oder von den Eltern determiniert ist, sondern er wird komplett, das heißt sowohl von seinen Inhalten her als auch von seinem zeitlichen Rahmen von außen, von der Schule fremdbestimmt. Das ist neu, denn bisher wollten die Beteiligten oder zumindest einer von ihnen diesen Umgang. Jetzt ist die Situation anders und führt zu einer Ratlosigkeit, die nicht unbedingt nur von den nicht verständlichen Inhalten ausgelöst wird. Der Vater oder die Mutter ist nicht in der Lage, auf die Frage des Kindes „Warum muss ich das jetzt tun?" eine vernünftige Antwort zu finden. Die Eltern empfinden dieses Unvermögen als Defizit und versuchen es zu kompensieren mit mehr Druck. Für die Kinder ist dies eine nachhaltige Störung des Vertrauensverhältnisses. Sie lernen vor allem eines: Tricks und Kniffe, um sich die Situation erträglich zu gestalten, um den freien Nachmittag doch noch irgendwie zu retten. Das Belügen der Eltern im Blick auf nicht aufgegebene bzw. schon erledigte Hausaufgaben erscheint zwangsläufig.

Die Hilfe der Eltern bei den Hausaufgaben ist in einen Teufelskreis eingebunden und trägt zur Unselbstständigkeit des Schülers bei. Die Eltern setzen bei schlechten Leistungen mehr Druck und Strafen ein. Dadurch erfährt der Schüler eine ungünstige Unterstützung, die bei ihm emotionale Belastung, Unlust und Unselbstständigkeit auslöst, was wiederum zu noch schlechteren schulischen Leistungen führen kann. Und dies ist nicht einmal die einzige fatale Folge: Eltern, die einen strengen Gütemaßstab bei der Beurteilung der Hausaufgaben anlegen, weniger die Selbstständigkeit anregen, mehr Kontrollen ausüben, gute Leistungen nicht würdigen, schlechte Leistungen aber scharf tadeln, machen

ihr Kind misserfolgsängstlich. Zuletzt halten sie ihr Kind selbst
für weniger begabt, was wiederum das Selbstbild des Kindes prä-
gen wird. Er wird ein Verlierer bleiben, sein Leben lang. In den
wenigsten Fällen wird dies von den Eltern so gewollt sein, sie
tragen daran nur mittelbar Schuld, in dem Maße, in dem sie nicht
erkennen, dass uns diese Zwangsläufigkeit von der Schule und
ihrer Hausaufgabenpraxis aufgezwungen wird.

Hausaufgaben bringen Eltern in das Dilemma, abwägen zu müs-
sen zwischen dem Wohl ihres Kindes und der Erfüllung scheinba-
rer staatsbürgerlicher Pflichten, denn die Schule ist ja staatliche
Institution und Autorität. Das Problem ist: es ist gar kein richtiges
Abwägen, die Eltern haben in dem derzeitigen System gar keine
Chance, sich für das Wohl ihres Kindes zu entscheiden, die vermeintlich staatsbürgerlichen Pflichten werden immer gewinnen.
Deswegen haben die Eltern in dieser Frage auch nicht den
„Schwarzen Peter", sie können an der Hausaufgaben-Praxis nicht
einseitig etwas ändern. Es sei denn, indem sie sich zusammentun
und an dem System Schule etwas verändern. Dass dies geht, wollen wir hier zeigen.

Eltern können aber auch bereits in einer noch hausaufgabenge-
prägten Schulzeit ihrer Kinder etwas tun. Schon in der Vorschul-
zeit, aber auch danach ist es wichtig, den Kindern durch Ausflü-
ge, Besichtigungen, Vorlesen, Erzählen usw. intellektuelle
Anregungen zu bieten. Dies und allein dies führt dann auch zu
besseren Schulleistungen der Kinder. Dagegen nimmt diese ab,
wenn sich Eltern zu Bütteln der Schule machen lassen und allein
in der Erfüllung der von der Schule vorgegebenen Aufgaben (regelmäßige Kontrolle und Prüfung der Ergebnisse der Hausaufgaben) ihr Heil suchen.

Hausaufgaben haben insofern auch keinen positiven erzieheri-
schen Effekt. Oft wird auf diesen vermeintlich positiven Effekt
verwiesen, wenn begründet werden soll, warum man nicht auf

Hausaufgaben verzichten kann. Welche elterlichen Verhaltensweisen sich positiv auf die Entwicklung der Kinder auswirken,
kann hier sicher nicht erschöpfend dargestellt werden. Sicher ist:
die Förderung kindlicher Kompetenzentwicklung durch intellektuelle und leistungsthematische Anregungen gehört ebenso dazu
wie eine positive emotionale Atmosphäre im Elternhaus. Das
„Büttel-Verhalten" der Eltern gehört nicht dazu.

Weitere Argumente

Hausaufgaben sind für eine hohe zeitliche Belastung der Schüler
verantwortlich. Machen Sie den Vergleich: Viele Schüler arbeiten
länger als ihre berufstätigen Eltern (und auch länger als ihre Lehrer)! Phasen des freien Spiels treten also durch die Hausaufgaben-
erledigung zwangsläufig zurück, aber, wie jeder weiß, sind diese
Phasen für eine gesunde, kindgemäße Entwicklung unerlässlich.
So ist es unverantwortlich, das kindliche Spiel den Hausaufgaben
zu opfern, denn im Spiel werden Fähigkeiten erworben und Erfahrungen gemacht, die sich bei den Hausaufgaben in dieser Weise nicht sammeln lassen.

Indem die Hausaufgaben also den Kindern die kostbare Freizeit
rauben, nehmen sie ihnen damit die Möglichkeit, selbst aktiv zu
werden, sich eigene Aufgaben zu stellen, Fantasie zu entwickeln.
Sie hindern die Kinder, sich dem Eigeninteresse entsprechend zu
beschäftigen und sich im Spiel auszuagieren. Fördert dies kreati-
ves Verhalten? Ist das Erziehung zur Mündigkeit? Oder behindert
die gängige Hausaufgabenpraxis dies nachhaltig?

Hausaufgaben führen zur sozialen Isolierung, da sie in Einzelar-
beit zu fertigen sind. Die Ergebnisse werden später verglichen –
dies fördert ein fragwürdiges Konkurrenzdenken und führt weg
von den Anliegen des sozialen Lernens. So lassen sich soziale
Lernziele, wie ein verständnisvolles Miteinander-Umgehen, nicht

erreichen. Es gibt keine Gelegenheit, Sozialkontakte zu knüpfen, zu vertiefen und auszubauen.

Die überwiegend sitzende Haltung beim Anfertigen von Hausaufgaben trägt den psychomotorischen Bedürfnissen der Kinder kaum Rechnung, fördert Haltungsschäden – **Hausaufgaben sind gesundheitsschädigend!**

Zur physischen Belastung kommt der permanente psychische Druck: Leistungsschwache Schüler werden überfordert; Eltern stellen überhöhte Anforderungen; leistungsstarke Schüler überfordern sich selbst - durch Hausaufgaben verursachte Leistungsängste können zu psychosomatischen Störungen, zu Krankheiten oder abweichendem Verhalten führen: **Durch die Hausaufgabenpraxis produziert die Institution Schule so manchen Problemschüler selbst!** Denn: Schüler, die ihre Hausaufgaben nicht bewältigen können, haben Versagerängste, sind in ihrem Selbstwertgefühl beeinträchtigt, glauben irgendwann, ohnehin zu den Versagern zu gehören. Eine optimistische Grundhaltung und Zukunftsorientierung, Voraussetzungen für die gesunde Entwicklung eines jeden Kindes, geht verloren. Wer ständig an sich selbst zweifelt, entwickelt schließlich Minderwertigkeitskomplexe und geht dann auch jenen Aufgaben aus dem Weg, die er eigentlich erfüllen sollte.

Für intelligente und kreative Schüler bieten die Hausaufgaben keinen Lernanreiz. Sie sind lästige Pflichtübung. Diese Schüler verlieren dadurch das Interesse am Unterricht, werden schulmüde. Bei leistungsschwächeren Schülern dagegen sind monotone, mechanische Aufgabenformen ineffektiv. Aber gerade diese Aufgabenformen kommen in der Hausaufgabenpraxis am häufigsten

54

vor. Aufgabenformen, die das Wissen systematisieren oder zu neuem Stoff hinführen, gibt es in der Praxis so gut wie nicht.[31]

Hausaufgaben belasten die Sozialbeziehungen:
- zwischen Schülern und Lehrern: Es wird gelogen und betrogen (Ausreden bei Nichtanfertigung, Abschreiben vor dem Unterricht) und die Lehrer nehmen diesen Zustand als gegeben hin. Ein ehrlicher und vertrauenswürdiger Umgang zwischen Schülern und Lehrern ist so nicht möglich.
- in der Gruppe: Der Primus kann wieder einmal als Einziger die Hausaufgaben in der gewünschten Form vorlegen; bestimmte Schüler haben sie wieder mal nicht gemacht – Gefahr der Etikettierung durch die Mitschüler mit den hinreichend bekannten negativen Auswirkungen wie Stigmatisierung oder soziale Isolierung.
- in der Familie: Eltern, die nach einem anstrengenden Arbeitstag bei den Hausaufgaben helfen müssen, reagieren häufig ungeduldig, gereizt oder aggressiv. Besonders dann, wenn sie besonders hohe Erwartungshaltungen haben und ihre Kinder diesen nicht sogleich gerecht werden können. Auch in der Familie flüchtet sich das Kind zwangsläufig in die Lüge, um Zeit für sein Spielen zu retten.

Und schließlich: Hausaufgaben verfälschen das Leistungsbild. Wie viele Mütter schreiben die Aufsätze? Wie viele Väter rechnen die Aufgaben? Wo steht das Kind wirklich?

Hausaufgaben benachteiligen besonders Kinder, die aus einem sozial schwachen Milieu kommen. Wer als Schüler keine angemessenen Rahmenbedingungen vorfindet, auf jüngere Geschwis-

---

[31] Geissler, E., Plock, H.: Hausaufgaben – Hausarbeiten, Bad Heilbrunn, 1974², S. 18. Die Verfasser untersuchen eine Studie von B. Dietz und W. Kuhrt aus dem Jahr 1959.

ter aufpassen oder im Haushalt oder Geschäft der Eltern mitarbeiten muss, der ist natürlich jenen Mitschülern gegenüber benachteiligt, die optimale Bedingungen vorfinden.

Oft werden Hausaufgaben als Disziplinierungsmittel missbraucht. Wenn die Klasse unruhig ist, wird eben das Doppelte aufgegeben. Wenn aber Schüler übermäßig mit Hausaufgaben belastet werden und so ständig unter Druck stehen, fühlen sie sich in besonderer Weise von den Lehrern abhängig und unfrei. Dabei entsteht eine breite Palette negativer Gefühle.[32]

Hausaufgaben werden zur Quelle von Angst, Überforderung und Überlastung der Schüler. Und was diese Stichworte für das Lernen austragen, haben wir mit Hinweis auf die Ergebnisse der modernen Hirnforschung bereits beschrieben.

Hausaufgaben sind an ein Lehrer-/Schülerverhältnis gebunden, das den Schüler als Lernsubjekt missachtet, Motive und Interessen des Schülers negiert, einen hierarchischen Charakter mit wenig kooperativen Anteilen hat und den Schüler in der Regel zwingt, fremdbestimmte Aufträge auszuführen. Sie sind ein Instrument schulischen Lernens, das auf äußere Produkte abzielt, um damit ein Lernergebnis zu dokumentieren, statt sich auf den Prozess der Entwicklung von Lernfähigkeiten des einzelnen Schülers zu orientieren.

Diese produktorientierte Haltung des Lehrers stellt vorschnell auf externe Zwischenergebnisse ab, ohne die Entwicklung der zu ihrer Herstellung notwendigen subjektiven Voraussetzungen und Fertigkeiten genügend wichtig zu nehmen. Die in dem Hausaufgabenergebnis erbrachten Leistungen werden selten auf das Zu-

---

[32] Becker/Kohler: Hausaufgaben: Kritisch sehen und die Praxis sinnvoll gestalten. 2002, S. 10 ff.

56

standekommen hin befragt und in der Regel auf das Konto der
Schüler verbucht.

Hausaufgaben stellen ein schulisches Instrument dar, das syste-
matisch Ungerechtigkeiten produziert und Bildungschancen entweder von der Qualität der Eltern-Kind-Beziehung oder vom
Geldbeutel für den Nachhilfeunterricht abhängig macht. So liefert
die Privatisierung eines Teils des schulischen Auftrags in Form
von Hausaufgaben die systematische Förderung des Schülers den
sozialökonomischen Bedingungen des Elternhauses aus. Die Ursachen der erfolgreichen Lernergebnisse auf Seiten der Schüler
im Elternhaus werden weitgehend ignoriert und die vielfach notwendige fachliche und emotionale Unterstützung durch die Eltern
oder bezahlte Nachhilfskräfte negiert.

Die Delegation von Hausaufgaben ermöglicht es den Lehrern
zudem, einen nicht unbeträchtlichen Teil der Verantwortung für
die Lernvollzüge ihrer Schüler je nach Bedarf ins Elternhaus zu
verlagern. Das Ausmaß dieser Delegierung ist von der pädagogischen Kompetenz des Lehrers abhängig, das heißt: je mehr Verantwortung für die schulische Lernentwicklung an die Eltern weitergegeben wird, desto geringer ist die fachliche und
pädagogische Kompetenz des Lehrers einzuschätzen. Für Außen-
stehende ist dieses Ausmaß nicht durchschaubar, weil bei guten
Leistungen der einzelnen Schüler nicht mehr erkennbar ist, ob sie
auf Anstrengungen der Eltern oder des Pädagogen in der Schule
zurückzuführen sind. Eine Transparenz der Qualität des Lehrens
in der Schule wird damit verhindert.[33]

---

[33] Nilshon, Ilse: Hausaufgaben und selbständiges Lernen. Projektheft 1/99, Projekt: „Lebenswelten als Lernwelten".

Befürwortende Argumente und deren Widerlegung[34]

In Ihrer Diskussion über die Fragen der Hausaufgabenpraxis werden Sie bestimmte Argumente immer wieder zu hören bekommen. In diesem Abschnitt möchte ich Sie mit den häufigsten Argumenten vertraut machen *(kursiv)* und Ihnen Erwiderungsmöglichkeiten vorstellen (Standardschrift).

„Fast alle Schulen in Deutschland sind Halbtagsschulen. Dadurch wird zusätzliche Lernzeit erforderlich, in der die Schüler das am Vormittag Gelernte wiederholen und vertiefen können. "
Ärzte und Schulpsychologen weisen immer wieder darauf hin, dass vor allem für jüngere Schüler ein halber Tag schulischen Lernens ausreichend ist. Man beachte: „schulisches Lernen"! Gemeint ist hier: Fremdbestimmtes Lernen im Sinne der alten Lernkultur. Dafür ist auch ein halber Tag noch zuviel. Deswegen kann meine Antwort nicht als Argument gegen die Ganztagsschule missverstanden werden. Schule muss die Erkenntnis, dass Menschen ein Leben lang und in jeder Sekunde lernen, aufnehmen und sich an ihr orientieren. Ganztagsschulen sind dafür ein guter Ansatz, denn sie tragen der Lebens- und Lernwirklichkeit der Kinder Rechnung, wenn sie tatsächlich die neue Lernkultur verwirklicht haben und nicht nur den vormittäglichen Unterricht in der alten Form nun auch noch auf den Nachmittag ausdehnen.

„Das am Vormittag Gelernte" – richtig müsste es wohl heißen: „Das, was am Vormittag zu vermitteln versucht wurde" (Ob es auch tatsächlich gelernt wurde?). Dies wiederum lässt sich nur dann vertiefen, wenn es gelernt worden ist, wenn es die eigenen Fragen waren, auf die der Schüler Antwort bekam – und nicht

---

[34] Becker/Kohler: Hausaufgaben: Kritisch sehen und die Praxis sinnvoll gestalten. 2002, S. 14 ff.

Antworten, die ihn langweilten, weil er die dazugehörigen Fragen
nie selbst gestellt hatte.

*„Was am Vormittag im Unterricht nicht geleistet werden konnte,
kann am Nachmittag durch Hausaufgaben nachgeholt werden.
Hausaufgaben als ideale Möglichkeit, ausfallenden Unterricht
auszugleichen."*
Wenn ein Lehrer seinen Stoff nicht schafft, sei es durch Krankheit
oder warum auch immer, wird die Erfüllung des Lehrplans auf
die Kinder abgewälzt – wie soll das gehen? Der Unterricht muss
so konzipiert sein, dass die Schüler sich selbstbestimmt ihre Aufgaben suchen, dann können auch Lehrerausfälle kompensiert
werden.

*„Der soziale Wandel vollzieht sich in einer noch nie da gewese-
nen Geschwindigkeit. Die industrielle Gesellschaft ist hoch entwickelt und komplex, die Bereitschaft zu beruflicher Mobilität
wird vorausgesetzt. Das Gesellschaftssystem ist auf Leistungen
seiner Bürger zur Systemerhaltung angewiesen. Deshalb muss
jeder Bürger schon von Kindesbeinen daran gewöhnt werden, in
steter Regelmäßigkeit Leistungen zu erbringen."*
Die Einschätzung der Geschwindigkeit des sozialen Wandels ist
grundsätzlich richtig, ebenfalls die Aussage über die Komplexität
der industriellen Gesellschaft. Die Frage ist aber: Warum soll
diesen Tatsachen Rechnung getragen werden, indem man an Methoden aus des Kaisers Zeiten festhält? Richtig ist: wir müssen
unsere Kinder auf ihr Leben vorbereiten. Wir müssen sie stark
machen, den Anforderungen der kommenden 70 Jahre (wenn wir
davon ausgehen, dass ihre Lebenserwartung 80 Jahre beträgt)
nicht nur standzuhalten, sondern sie zu meistern und ihre Welt ein
Stück voranzubringen. Im ersten Abschnitt über die neue Lernkultur hatte ich bereits beschrieben, dass sich die Entwicklung in
den kommenden 70 Jahren keinesfalls entschleunigt, sondern im
Gegenteil noch rasanter vor sich geht. Diesem Umstand müssen
wir Rechnung tragen, wenn wir unsere Kinder „schulen". Und

59

dabei reicht es nicht, dass wir sagen: „Deine Großmutter hat Hausaufgaben gemacht, deine Mutter auch – aus beiden ist schließlich was geworden –, also schaden dir die Hausaufgaben auch nichts!"

Wir haben gezeigt, dass nicht wirklich etwas gelernt wird, wenn es unter Druck gelernt wird. Und wenn etwas gelernt wird, dann werden die negativen Gefühle, die man dabei empfindet, gleich mit gelernt. Man muss kein Prophet sein, um vorauszusagen, dass ich mit solcherart Gelerntem meine Gesellschaft wohl kaum voranbringen werde. Nun sind aber, wie wir gesehen haben, Hausaufgaben mit jeder Menge Druck und Angstgefühlen verbunden. Wie geht es also besser: Wir müssen unsere Schulen zu Lernräumen umgestalten, in denen die Kinder ohne Druck und Angst lernen können. In denen sie ermutigt werden, ihre Fragen zu stellen, in denen sie sich mit Freude, Phantasie und Wissensdurst selbst an die Arbeit machen. Dann erziehen wir unsere Kinder zu selbständigen und leistungsfähigen Menschen, die komplex zu denken in der Lage sind. Denn jedes Kind will lernen. Das zeigt uns die Beobachtung der frühkindlichen Entwicklung eindrucksvoll. Warum nur fällt das Ende dieser Lernfreude bei den meisten Kindern zeitlich mit den ersten Hausaufgaben zusammen?!

„Wer sich als Schüler jahrelang mit den Hausaufgaben abgemüht hat, der wird vermutlich den Anforderungen der Ausbildung, des Studiums und des Berufs ebenfalls gewachsen sein."
Falsch. Das galt für die Zeit, in der der Vater den Sohn mit aufs Feld nahm, die Mutter ihre Tochter in die Küche schickte und die Kinder meist lebenslang in den ihnen zugewiesenen Arbeitsfeldern verblieben. In der heutigen Zeit dagegen ist berufliche Zeit kein Kontinuum mehr, das das Leben von der Lehre bis zur Rente geradlinig vorzeichnet. Die Lebensbezüge sind auch und gerade im beruflichen Bereich sehr viel komplexer geworden. Heute kommt man mit Kreativität, intelligentem Wissen, mit selbstbestimmtem Lernen und Teamfähigkeit durch das Leben. Und die

Methoden, sich das anzueignen, sind bestimmt nicht dieselben wie die, die man braucht, um sich auf ein lebenslanges „Unter-der-Knute-Stehen" vorzubereiten.

„Wer bei den Hausaufgaben scheitert, erlebt die zur menschlichen Existenz gehörende Situation des Scheiterns. Diese bietet die Möglichkeit, sich besser einzuschätzen, vor allem dann, wenn am nächsten Morgen die eigenen Leistungen mit denen der Mitschüler verglichen werden. Dadurch gelingt dem Schüler eine realistischere Selbsteinschätzung. "
Richtig, nämlich die: „Ich bin ein Versager!" Ich kann nicht glauben, dass diese Überlegung ernsthaft als Argument für Hausaufgaben gebracht wird! Wer diese Erniedrigung in der Schule selbst erlebt hat, weiß, dass es demotivierender nicht sein kann, mit den (besseren) Leistungen der anderen verglichen zu werden. Eine realistische Selbsteinschätzung gelingt ihm dadurch in keinem Fall. Für ihn bleibt nur: „Ich bin am unteren Ende der Skala!" Das kann eine Lebenseinstellung werden. Davor müssen wir unsere Kinder bewahren.

„Hausaufgaben sind gut geeignet, eigenständige Lernerfahrungen zu sammeln. Durch das Suchen nach Lösungswegen lernt man das Lernen. "
Die Praxis sieht doch eher so aus: Ich erledige widerwillig und notgedrungen Aufgaben, deren Sinn ich nicht verstehe. Hier wird von einem Idealfall ausgegangen, den es so kaum gibt. Gleiches gilt für das Argument:

„Die Hausaufgaben-Praxis steigert die Aufmerksamkeit der Schüler im Unterricht, denn kein Schüler kann sich sicher sein, ob ihm nicht das, was gerade gelehrt wird, am Nachmittag bei den Hausaufgaben wieder abverlangt wird. So wirken Hausaufgaben konzentrationsfördernd. "
Unglaublich! Bitte denken Sie einmal an Ihre eigene Schulzeit zurück: Was hat Sie motiviert, sich im Unterricht zu konzentrie-

ren? Erstellen Sie ruhig einmal eine „Hitliste" der Gründe. Und nun schauen Sie sie sich an. An welcher Stelle dieser Hitliste erscheint: „Ich konzentriere mich im Unterricht, weil es sein könnte, dass der Stoff in den Hausaufgaben wieder vorkommt"? Weiter hergeholt kann man Motivation zur Konzentration nicht beschreiben.

„Hausaufgaben, die auf den nachfolgenden Unterricht vorberei-
ten, machen Spaß, da die Schüler in die Unterrichtsplanung und –
vorbereitung einbezogen werden. "
Es ist wichtig, dass Schule von Lehrern und Schülern gleichermaßen „gemacht" wird, dass die Schüler bei der Planung eines Unterrichtsjahres z.B. nicht außen vor bleiben, sondern dieses mitgestalten. Dazu reicht es allerdings nicht, zur Vorbereitung eines neuen Themas eine Hausaufgabe aufzugeben. Schüler sehen darin allenfalls einen neuen, unüberschaubaren Berg an Arbeit und Problemen vor sich. Ansonsten bleibt die Motivation des Lehrers, warum jetzt gerade dieses Thema kommt, im Dunkeln. Fragen danach werden meist mit Floskeln wie „weil es im Lehrplan steht", beantwortet. Das ist kein echtes Einbeziehen in Unterrichtsvorbereitung.

„Über die Hausaufgaben erfahren Eltern, was ihr Kind in der
Schule lernt und ob es den Anforderungen gerecht wird. "
Ja, und wenn dem nicht so ist, wird der Druck erhöht und mit dem Kind nicht nur nachmittags, sondern auch noch abends gelernt, solange, bis das Kind die Lektion gelernt hat, die keiner wirklich wollen kann: „Lernen strengt an, Lernen ist doof: ich will nicht lernen!" Und die Eltern leisten, ohne es zu wollen oder auch nur zu ahnen, der Entwicklung ihres Kindes damit einen Bärendienst. Richtig ist, dass Eltern natürlich wissen müssen, was in der Schule los ist. Sie interessieren sich schließlich für ihr Kind und wollen sein Bestes. Für die Rückmeldung an die Eltern ist das Instrument „Hausaufgaben" jedoch denkbar ungeeignet. Die Schule muss dem Schüler die Möglichkeit bieten, frei und selbstbestimmt

Materialien mit nach Hause zu nehmen und an dem Thema zu arbeiten, das ihn gerade beschäftigt. Die Eltern werden staunen, mit wie viel Begeisterung ihr Kind lernen kann! Wie viel Selbstdisziplin und Leistungsbereitschaft quasi „nebenbei" gelernt wird, wenn dies ohne Druck geschieht!

Die Schule muss den Eltern die Möglichkeit bieten, jederzeit in den aktuellen Leistungsstand Einblick nehmen zu können. Dies kann z.B. über so genannte Kompetenzraster erfolgen, die in einem bestimmten Rhythmus gemeinsam (also auch mit dem Schüler!) ausgewertet werden. Hierbei wird auf das für die Leistung nicht eben förderliche Vergleichen mit anderen Mitschülern verzichtet. Es gilt für den Schüler, sich selbst in seinem Leistungshorizont wahrzunehmen, zu verstehen, dass es Bereiche gibt, die noch (oder besser) bearbeitet werden müssen und sich über Erfolge zu freuen (und zwar unabhängig von möglicherweise größeren Erfolgen der anderen).

Schule ohne Hausaufgaben ist möglich!

Nur eine veränderte Praxis?

Der Ruf nach Ganztagsschulen ist seit einiger Zeit in unserem Land unüberhörbar. Die Einrichtung dieser hat natürlich Auswirkungen auf die Hausaufgaben-Praxis. Hausaufgaben als außerhalb der Schule zu erledigende Arbeiten haben ausgedient, denn wenn die Schule jetzt bis in den späten Nachmittag hineinreicht, sind die Hausaufgaben in herkömmlicher Form nun wirklich nicht mehr vermittelbar; nicht den Eltern, nicht einmal der Schule, schon gar nicht den Schülern.

Also müssen sie in den Schulalltag integriert werden. Interessant dabei ist, dass sie meist immer noch „Hausaufgaben" heißen, obwohl sie mit dem „Zuhause" nichts mehr zu tun haben. Es gibt besondere Bereiche an den Nachmittagen in der Schule, so genannte Hausaufgabenstunden, in denen genau das gemacht wird, was bisher zuhause gemacht wurde. Das hat natürlich auf den ersten Blick Vorteile. Zunächst einmal ist im günstigsten Fall der Lehrer zugegen, der die Aufgabe aufgegeben hat und bei dem ich sie schon am Vormittag nicht verstanden habe. Eine Rückfrage ist möglich und jetzt kann er sich auch ganz anders als am Vormittag individuell um mich kümmern. Der zweite Vorteil liegt bei den Eltern: sie müssen nicht mehr in die fatale Rolle des „Büttels der Schule" schlüpfen.

Aber auch die Nachteile liegen auf der Hand:
- Insbesondere die leistungsschwächeren Schüler nehmen einen Teil der nun so genannten Schulaufgaben als Restaufgaben doch mit nach Hause und reproduzieren damit für sich und ihre Eltern die gleichen Probleme wie oben beschrieben.
- Einer Schule, der es ernsthaft um die Vermittlung von Schlüsselqualifikationen geht, um selbstständiges Lernen, um kooperatives Lernen, sind wir noch keinen Schritt näher gekommen.
- Die Hausaufgaben bleiben fremdbestimmt, mit all den negativen Begleiterscheinungen, die daran hängen. Ein Ganztagsschulkonzept ist nicht gleichzusetzen mit der Umsetzung neuer Lernkultur. Es reicht nicht, den Unterricht lediglich zu entzerren, ihn auf den Nachmittag auszuweiten und im Übrigen alles so beizubehalten, wie es war: die Rhythmisierung des Schulalltags, den Frontalunterricht, die Notengebung und eben auch die Hausaufgaben.

Es ist ein Schritt auf dem Weg, ein richtiger Schritt in die richtige Richtung, das wollen wir nicht verkennen, aber es ist auch nicht mehr als ein Schritt. Dass dieser aber möglich ist, zeigen die vielen in unserem Land aufkommenden Ganztagsschulkonzepte. Aber es ist noch mehr möglich:

Vollständiger Verzicht (unter Integration der positiven Hausaufgaben-Funktionen in den Unterricht)

Es reicht nicht aus, den Hausaufgaben einfach nur einen anderen Ort zu geben, ihnen besondere Zeiten innerhalb des Schulalltags anzuweisen. Das löst die aufgezeigten Probleme, die sich mit den Hausaufgaben verbinden, letztlich nicht. Es kann nur um einen vollständigen Verzicht gehen. Das wiederum wirft aber die Frage auf: „Verzichte ich damit nicht auch auf durchaus positive und erhaltenswerte Funktionen, die die Hausaufgaben ja auch haben?" In der Tat: Hausaufgaben haben Funktionen, die wichtig sind für das Lernen, etwa didaktisch-methodischer Art, z.B. Übung und Wiederholung. Darüber hinaus sollen sie ja eigentlich auch Selbstständigkeit entwickeln, wenngleich wir gesehen haben, dass diese Funktion von der bisherigen Hausaufgaben-Praxis gerade nicht bedient werden konnte. Dessen ungeachtet dürfen natürlich diese positiven Funktionen nicht ebenfalls eliminiert werden, wenn man auf die Hausaufgaben verzichtet. Sie müssen in den Unterricht integriert sein.

Noch einmal: dies darf nicht so geschehen, dass man die Hausaufgaben lediglich formal in den Unterricht oder den Schulalltag zurückführt und sie dabei absetzt von den unterrichtlichen Prozessen, aus denen sie erwachsen. Das Problem wird nicht gelöst durch schulinterne Hausaufgabenzirkel oder durch eine „Hausaufgabenintegration", die Unterricht weiterhin lehrerzentriert, fachbezogen, im 45-Minutentakt beschreibt und davon abgetrennte Übungsphasen anschließt, die ein Hausaufgabenpendant darstellen sollen.[35]

---

[35] Nilshon, I.: Schule ohne Hausaufgaben? Eine empirische Studie zu den Auswirkungen der Integration von Hausaufgabenfunktionen in den Unterricht einer Ganztagsschule. Münster, New York, 1995.

Echte Integration der positiven Hausaufgabenfunktionen in den Unterricht kann nur funktionieren, wenn die Erziehung zur Selbständigkeit und zum selbstbestimmten Lernen zum strukturierenden Prinzip nicht nur des Unterrichts sondern des gesamten Schultages wird. Dieses Prinzip muss zum rhythmusgebenden Herzschlag des Schultages werden, denn die Bedeutung des Lernens erschließt sich, wie wir gesehen haben, aus dem individuellen Prozess, und zwar durch die selbstbestimmte Aktivität des Einzelnen.

„Der einzelne Schüler erhält im differenzierenden Unterricht die Zeit und Hilfen, die er benötigt, um sich entsprechend seiner Entwicklungsdynamik an die Arbeit und innere Disziplin zu gewöhnen. Ausdauer entwickeln, die Angst vor Fehlern und vor dem Scheitern überwinden, sich der eigenen Lernproblematik stellen, neugierig sein und ausprobieren dürfen, Neues erschließen, Lernpartnerschaften eingehen, von anderen und mit anderen lernen sind wichtige Schritte zu einer eigenständigen Lernentwicklung ebenso wie Fragen stellen, eigene Lösungen suchen, sie mit denen anderer Schüler(…) zu konfrontieren und auf Vor- und Nachteile hin abzuwägen."[36]

Michael Butler, Leiter einer amerikanischen Schule, sagt dazu: „Wenn wir wollen, dass unsere Kinder neues Wissen schaffen oder finden, dann müssen wir auch wollen, dass sie lernen, mehr zweite Gedanken zu denken, und dass ihnen dieses Denken mehr und mehr zur Gewohnheit wird."[37]

Aufgaben, die der einzelne Schüler in einem solchen Lernkontext übernimmt und die von ihm einzeln oder in Kooperation, schulintern oder schulextern erledigt werden, sind an Prinzipien der

---

[36] Nilshon, I.: Hausaufgaben und selbständiges Lernen. Projektheft 1/99. www.dji.de/bibs/77_projektheft1.pdf

[37] Butler, M.: Why teachers ought to be friends of the children (unveröffentliches Manuskript, zitiert nach Nilshon, I., a.a.O.).

Freiwilligkeit und Selbstverantwortung gebunden. Sie haben mit Hausaufgaben in der eingangs dargestellten Bedeutung nichts mehr gemein, selbst wenn sich ihre Bearbeitung nachmittags im Elternhaus vollzieht. Wenn die den Unterricht bestimmenden Merkmale, wie sich selber Ziele setzen und selbstverantwortlich handeln, zum Maßstab der Lernhandlungen der Schüler werden, dann ist der Ort, an dem die Aufgaben ausgeführt werden, von sekundärer Bedeutung.

Es geht im Ganzen um fragegeleitetes, Ziele setzendes und selbstgesteuertes Handeln, das die neue Lernkultur an unseren Schulen kennzeichnen muss. Dass dies „ganz nebenbei" eine Abkehr vom gruppenbezogenen, frontalen Fachunterricht nicht nur möglich macht, sondern diese voraussetzt, ist ein Beleg dafür, wie komplex die Aufgaben sind, vor denen wir stehen. So beschreibt das Für und Wider der Argumentation um Hausaufgaben den Streit um die in der Schule realisierte Lernkultur und somit auch den Streit um die innere Schulreform als Problem der Modernisierung des Bildungswesens.[38]

Erste Schritte zur Umsetzung

Jede Veränderung beginnt damit, dass eine neue Idee geboren wird, über die man rege diskutiert. Also, liebe Schüler: Lasst die Diskussion über dieses Thema nicht abreißen. Wann immer Ihr etwas spürt, dass Euch stört an der Hausaufgaben-Praxis an Eurer Schule, wann immer Ihr beginnt, Frust zu haben an dieser Stelle: fresst es nicht in Euch hinein und denkt: „Es ist nun einmal so. Was kann ich schon dagegen tun!" Nein, sprecht darüber, immer wieder. Ihr werdet feststellen, dass Ihr mit Eurer Erfahrung nicht allein seid. Auch wenn Ihr manchmal den Eindruck habt, gegen

---

[38] Nilshon, I.: ebenda.

Windmühlenflügel kämpfen zu müssen: hebt es immer wieder auf die Tagesordnung. Ihr Schüler könnt es im Schülerrat tun, Eltern im Elternrat oder in den Elternabenden (mancherorts auch Pflegschaftsversammlungen genannt). Sie, liebe Eltern, sind berechtigt, Themen auf die Tagesordnung zu setzen. Sprechen Sie zuerst mit dem Elternsprecher Ihrer Klasse oder der Schule. Tun Sie sich zusammen mit anderen Eltern, denen die Bildung ihrer Kinder am Herzen liegt. Bitten Sie den Klassenlehrer, sich auf das Thema vorzubereiten und dazu zu referieren. Erläutern Sie Ihre kritische Sicht auf die Thematik, tun Sie dies ohne Polemik und Schuldzuweisungen. Schließlich müssen Sie den Lehrer mit ins Boot holen. Vereinbaren Sie konkrete Schritte der Umsetzung, kurzfristig, mittelfristig und langfristig. Haben Sie Geduld dabei, nicht alles geht von heute auf morgen – aber lassen Sie sich auch nicht hinhalten.

Auch das Erreichen eines Zwischenzieles ist bereits ein Erfolg. Natürlich muss ein Anspruch scheitern, der davon ausgeht, dass Lernen an Ihrer Schule von heute auf morgen völlig anders buchstabiert wird. Für die Hausaufgabenpraxis heißt das: auch wenn der vollständige Verzicht noch nicht erreicht werden kann, aber es zum Beispiel möglich erscheint, über die Einrichtung einer Hausaufgabenstunde in der Schule nachzudenken, dann ist auch dies schon ein Erfolg. Und nächstes Jahr reden wir über die nächsten Schritte. Wir wissen, dass eine Hausaufgabenstunde in der Schule das Problem nicht löst, aber es löst wenigstens einige Komponenten des Problems, indem es die Hausaufgaben aus dem häuslichen Umfeld herausnimmt.

Wenn Sie sich solche Schritte vornehmen, können Sie sich annähernd 100 %iger Teilnahme bei den Elternabenden sicher sein. Endlich einmal wird ein Elternabend spannend. Endlich einmal geht es nicht nur um die Termine des 2. Halbjahrs, um die Wahl des Klassenelternsprechers, bei der jeder seinen Kopf senkt, damit sein Blick nicht dem des Klassenlehrers begegnet (dieser betont gerade, dass mit diesem Posten überhaupt keine Arbeit verbunden ist), oder um die Disziplin in der Klasse, die wieder einmal zu wünschen übrig lässt, sodass man wohl jetzt mehr Druck entwickeln sollte. Nein, endlich einmal geht es um Ihr Kind und darum, dass es die größtmögliche Freude am Lernen entwickelt.

Vielleicht laden Sie ja auch einmal einen Referenten ein. Es gibt genügend Menschen, die sich mit diesem Thema befasst haben und bereit sind, Ihnen Hilfestellung bei Ihren ersten Schritten zu leisten. Natürlich verursacht so etwas Kosten. Versuchen Sie, bei der Schule oder dem Schulamt unter Angabe der Veranstaltung, des Referenten, des Themas und der Kosten eine Beihilfe zu bekommen.

Und das Wichtigste: Seien Sie euphorisch! Lassen Sie sich anstecken von dem fantastischen Gefühl, aufgebrochen zu sein zu etwas Neuem, die Stagnation hinter sich gelassen zu haben. Lesen Sie noch einmal die Geschichte von Sandra Berg. Ehe wir das dort Geschilderte erreicht haben, wird noch Zeit vergehen. Aber lassen Sie uns anfangen. Auch der weiteste Weg beginnt mit dem ersten Schritt. Es ist so enorm wichtig und so gut für Ihre Kinder, dass Sie einfach nicht mehr loslassen können von dem Gedanken: Ja, eine gute Schule ist möglich. Nicht nur bei einigen ausgewählten Eliten, sondern auch bei uns. Auch im staatlichen Schulbereich. Und jetzt kämpfen wir dafür, dass wir dies Stück für Stück umsetzen. Zum Wohl unserer Kinder und zum Wohl unserer Gesellschaft, die sich in der Zukunft bewähren will.

Kontakte – Gute Schulen und Reformpädagogen

An dieser Stelle möchte ich einigen Wegbegleitern ausdrücklich dafür danken, dass sie mir oftmals faszinierende Einblicke in ihr Denken gewährt haben. Ohne ihre Begleitung hätte es diese Publikation so nicht geben können.

Gern möchte ich die Gedanken und Erkenntnisse, die mich so überzeugt haben, mit Ihnen teilen! Wenn Sie das Thema vertiefen wollen, wenn Sie auf der Suche nach kompetenten Ansprechpartnern sind, auch um z.B. einmal einen Gast zu einem Elternabend einzuladen, dann werden Sie fündig bei dem Bündnis Blick über den Zaun (www.blickueberdenzaun.de/01Mitglied.html) oder bei dem Netzwerk „Archiv der Zukunft" (www.adz-netzwerk.de/Foerdermitglieder/).

Mein besonderer Dank gilt folgenden Personen und Institutionen:

Futurumschule Stockholm
Kontaktadresse: Kalmarleden S-746 80 BÅLSTA
Telefon: +46 (0)171-526 71   Fax: +46 (0)171-574 74
Ansprechpartner: Hans Ahlenius
E-post: futurum@bildning.habo.se
Eine gute Übersicht in deutscher Sprache bietet die Web-Site
www.eineschulefueralle.de/futurum-schule

Institut Beatenberg
Kontaktadresse: Waldegg, CH-3803 Beatenberg
Telefon: +41 (0)33 841 81 81   Fax: +41 (0)33 841 81 89
E-post: info@institut-beatenberg.ch

Laborschule - Versuchsschule des Landes NRW
Kontaktadresse: Universitätsstraße 21, D - 33615 Bielefeld
Telefon: +49 (0) 521 106 6990 (Sekretariat Frau Marx)
Fax: +49 (0) 521 106 6041
E-post: info@laborschule.de

ZNL – Transferzentrum für Neurowissenschaften und Lernen Ulm
Kontaktadresse: Beim Alten Fritz 2, D - 89075 Ulm
Telefon: +49 (0)731 500-62000 Fax: +49 (0)731 500-62049
Herr Prof. Dr. Dr. Manfred Spitzer
Frau Dr. Katrin Hille
E-post: info (AT) znl-ulm.de
URL: http://www.znl-ulm.de

Otto Herz
Pädagoge und Diplom-Psychologe
Kontaktadresse: Stiftung CIVIL-COURAGE, c/o Otto Herz,
Erich-Zeigner-Haus, Zschochersche Straße 21, D - 04229 Leipzig
Website: www.otto-herz.de
E-post: otto.herz@gmx.de

Dr. Siegfried Kost
Wissenschaftlicher Mitarbeiter der SPD-Fraktion im Sächsischen
Landtag für Bildungs- Wissenschaftspolitik, Sport und Energie
Telefon: +49 (0)351 49357 31   Fax: +49 (0)351 4962525 731
E-post: siegfried.kost@slt.sachsen.de

Futurum Vogtland – Ev. Gymnasium Mylau –
Kontaktadresse: Kirchplatz 4, D – 08468 Reichenbach
Telefon: +49 (0)3765 300953   Fax: +49 (0)3765 783813
Ansprechpartner: Christoph Rabbeau
E-post: info@futurum-vogtland.de

Briefvorlagen

Natürlich sollten Sie zunächst versuchen, mit der Schule mündlich Kontakt aufzunehmen. Oftmals werden Sie auf eine große Offenheit treffen. Sollte Ihnen das aufgrund der Bedingungen an Ihrer Schule nicht geeignet erscheinen, hilft auch ein offizielles Schreiben, in dem Sie Ihren Willen zur umfassenden Diskussion der Problematik an Ihrer Schule bekunden. Sie können mit einer kurzen E-Mail an niewiederhausaufgaben@yahoo.de diese Briefvorlagen auf elektronischem Wege anfordern.

Brief an die Schule mit der Bitte um Einberufung eines Elternabends zum Thema

Sehr geehrte(r) Herr/Frau Schulleiter(in),

einige Eltern haben sich in den letzten Wochen intensiv über die Hausaufgabenproblematik ausgetauscht. Besonders durch die aktuellen Untersuchungen der TU Dresden, wonach den Hausaufgaben kein pädagogischer Wert zugemessen wird, stellen sich zu diesem Sachverhalt ganz neue Fragen, auch nach der Praxis an unserer Schule.

Wir möchten Sie bitten, zu diesem Thema einen Elternabend zu terminieren und vorzubereiten.
Sinnvoll wäre es, einen Referenten einzuladen. Wir haben Kontakte zu guten Reformpädagogen und sind bei der Auswahl gern behilflich.

Neben einem Einstiegsvortrag (von Ihnen oder von einem eingeladenen Gast) würden wir uns wünschen, dass alle an diesem Thema Beteiligten, Lehrer, Eltern und Schüler, von ihren Erfahrungen und auch von ihren Nöten mit den Hausaufgaben berichten können.
Abschließend erwarten wir konkrete Absprachen zur weiteren breiten Diskussion dieses Themas an unserer Schule und zu vorzunehmenden konkreten Schritten zur Änderung der bestehenden Praxis.

Mit freundlichen Grüßen

XY
(Elternsprecher)

Brief an die Eltern – Einladung zum Elternabend

Liebe Eltern,

hiermit möchten wir Sie herzlich einladen zu einem außerordentlichen Elternabend zur Hausaufgabenproblematik für

_____, den _____, um _____ Uhr

in _____

Bildungsforscher haben herausgefunden, dass Hausaufgaben keinen pädagogischen Wert haben. Im Gegenteil: Sie behindern das selbständige Lernen und stören die sozialen Beziehungen der Kinder.
Über diese Dinge wollen wir miteinander ins Gespräch kommen. Es ist uns besonders wichtig, dass wir diesen Thesen der Wissenschaftler unsere eigenen Erfahrungen gegenüberstellen. Sind Hausaufgaben für Sie und Ihre Kinder eine Last? Wie äußert sich das? Können Sie sich vorstellen, die gängige Praxis an unserer Schule zu ändern?
Ganz ausdrücklich sind auch die Schüler zu diesem Elternabend mit eingeladen. Sie sind die Betroffenen. Wir sollten nicht über sie sondern mit ihnen reden. Es geht um ihr Wohl und um nichts weniger als die Zukunft der Bildung in unserem Land.

Es freut uns ganz besonders, dass es uns gelungen ist, Herrn/Frau _____ für ein Einstiegsreferat zu gewinnen.

In der Hoffnung auf zahlreiche Teilnahme und eine angeregte Diskussion grüßt Sie herzlich

Ihr
    XY
    (Elternsprecher)

Nachwort an die Schüler

Liebe Schüler,
je länger Ihr schon dabei seid, je länger Ihr schon hinein gerochen
habt in das System Schule, umso verhärterter kann Eure Sicht auf
diese Institution bereits geworden sein. Vielleicht habt Ihr schon
längst eine Art Hassliebe entwickelt, seid resigniert und inzwischen hoffnungslos zufrieden. Zu klar scheinen die Machtverhält-
nisse zu sein, denen Ihr Euch an Eurer Schule ausgesetzt seht, als
dass Ihr auch nur im Entferntesten daran denken würdet, Ände-
rungen anzugehen. Dazu kommt, dass man Euch durch lange
Jahre, die Ihr unter der Wirklichkeit der alten Lernkultur zubringen musstet, schon relativ viel von Eurer Kreativität, Eurer Freude am Lernen genommen hat und dass Ihr aus diesem Grund
glaubt, hieran nicht wirklich etwas verändern zu können.

Euch möchte ich heute sagen: Befreit Euch aus dieser Haltung!
Brecht sie auf! Es lohnt sich – und vor allem: es ist möglich!
Auch bei Euch ist die Freude am Lernen nicht endgültig verloren.
Sie ist lediglich verschüttet und wartet darauf, von Euch wieder
vorgeholt zu werden! Wir brauchen Euch und Eure Kreativität. In
absehbarer Zeit seid Ihr die Stützen unserer Gesellschaft. Es ist
eine spannende und schöne Aufgabe, diese Welt ein Stück voranzubringen, sie zum Guten zu verändern. Fangt heute damit an,
indem Ihr Euren Schulalltag verändert. Nehmt ihn kritisch unter
die Lupe, beschäftigt Euch mit den Erkenntnissen der Reformpädagogen, der Hirnforscher, die uns eindrucksvoll gezeigt haben,
wie Lernen funktioniert!

Mit der Frage der Hausaufgaben habt Ihr ein erstes Beispiel, eine
erste Marke, die Ihr setzen könnt. Gute Schule erschöpft sich
natürlich nicht in der Abschaffung der Hausaufgaben. Es gibt
noch viel mehr, das auf den Prüfstand gehört: die Zensuren vor
allem, der Frontalunterricht, der 45-Minutentakt und noch einiges

mehr. Es wird noch einige Zeit dauern, bis wir in Deutschland in der Schullandschaft wirklich so weit sind wie etwa die skandinavischen Länder. Und vielleicht erlebt Ihr bis zu Eurem Abitur keine tief greifende Änderung mehr. Aber lasst Euch bitte auch davon nicht entmutigen: die neue Lernkultur steht vor der Tür. Sie wartet darauf, umgesetzt zu werden. Helft mit, dass es bald passiert, nicht zuletzt auch zum Wohl der Kinder, die Ihr einmal haben werdet.

Nachwort an die Eltern

Liebe Eltern,
ich hoffe, Sie haben ein wenig Lust bekommen, die Bildung Ihrer Kinder noch einmal ganz neu und aus anderen Blickwinkeln zu betrachten, als Sie das vielleicht bisher getan haben. Am Schluss dieses kleinen Impulses möchte ich Sie gern noch ermutigen, sich nicht zu schnell den so genannten „Sachzwängen" zu beugen. Es wird vorkommen, dass man Sie an den Schulen darauf hinweist, dass die Hausaufgabenpraxis als ein Instrument anzusehen ist, das zwingend zum Schulalltag gehört, weil es nicht in der Macht des einzelnen Lehrers oder der Schule liegt, sich der Hausaufgabenpflicht zu entledigen. Der Umgang mit diesem Instrument sei in Erlassen, Richtlinien und Empfehlungen der Länder-Kultusministerien geregelt. Jetzt sind Sie natürlich versucht zu sagen: „Was kann ich dagegen schon tun?" und geben vielleicht vorschnell auf: „Wenn Hausaufgaben nun einmal einen Teil der institutionalisierten und föderativ gesetzlich geregelten Schulwirklichkeit darstellen, dann ist dies eine zu große Hürde für mich."

Nein, bitte bleiben Sie dran! Weisen Sie die Schulen und die einzelnen Lehrer darauf hin, dass sie Gestaltungsspielräume haben, die, ohne dass sie Gesetze verletzen, noch bedeutend besser ausgelotet werden können als bisher! In vielen Schulen werden Sie auf offene Ohren treffen. Viele Lehrer warten nur darauf, endlich umsetzen zu können, was sie im Studium in Sachen neuer Lernkultur gelernt haben. Natürlich sind Institutionen zuweilen etwas schwerfällig. Deshalb ist heilsamer Druck von allen an der Bildung Ihrer Kinder Beteiligten sicher nicht das Falscheste.

Ich wünsche Ihnen spannende Abenteuer mit der Phase des Erwachsenwerdens Ihrer Kinder! Denken Sie daran: Ihr Kind lernt immer. Egal, was es tut, es lernt. Es lernt mit und von den Inhalten, mit denen es sich beschäftigt. Vorausgesetzt, es sucht sich diese Inhalte selbst. Zwinge ich sie ihm auf, lernt es lediglich: „Diese Inhalte verursachen Stress.“

Nachwort an die Lehrer

Liebe Lehrer,
viele von Ihnen haben reformpädagogische Ansätze im Studium erlebt, waren begeistert davon und brannten darauf, diese Gedanken im Unterricht umzusetzen. Allerdings bemerkten Sie wahrscheinlich sehr bald, dass die hohe Motivation, die Sie aus dem Studium mitbrachten, durch die Praxis an unseren Regelschulen doch einen erheblichen Dämpfer bekam. „Was da an neumodischen Sachen an der Uni gelehrt wird, ist für uns irrelevant“, wird so mancher Schulleiter Sie gebremst haben: „Wir arbeiten nach den bewährten Methoden. Die Schüler brauchen Druck, dann kommen Sie auch mit ihnen klar!“

Auch Ihnen möchte ich heute sagen: Geben Sie bitte nicht gleich auf. Sie haben als Lehrer ebenfalls Gestaltungsspielräume für Ihren Unterricht. Auch gegen den allgemeinen Trend an Ihrer Schule. Wahrscheinlich können Sie nicht gleich die Zensuren abschaffen. Aber bei der Hausaufgabenpraxis sind Ihre Möglichkeiten ungleich größer! Sie können den Frontalunterricht kritisch hinterfragen oder mehr Freiarbeitselemente einfügen. Vor allem aber können Sie von Ihren Schülern her denken. Sie brauchen nicht mehr Ihre Schüler von einem Klassenziel oder einem Durchschnitt her definieren, sondern Sie dürfen sie von ihrem individuellen Entwicklungsstand her ernst nehmen. Dies erfordert eine sorgfältige Binnendifferenzierung, eine genaue Beobachtung der Schüler und eine individuelle Begleitung. Das macht Arbeit, natürlich, aber Ihre Schüler und die Gesellschaft wird es Ihnen letztlich danken. Und auch Ihre eigene Befriedigung bei Ihrer so wichtigen Arbeit wird wachsen.

Bildnachweis

Cover-Bild: Microsoft Office Power Point Vorlage.
Karikaturen und Illustrationen im Text:
Marcel und Patrick Lange, Neumark.

Literaturverzeichnis

Alders, Kristin: Neue Lernkultur in Kindertagesstätte und Schule – untersucht am Beispiel von Hausaufgaben und Zensuren. Unveröffentlichtes Manuskript. Facharbeit an der Euro-Schule Zwickau.

Bauersfeld, H.: Keine Hausaufgaben in Mathe, in: Die Grundschulzeitschrift, 10. Jg., 1996, H. 94, S. 56-60.

Beck, E./ Guldimann, T./ Zutavern, M.: Eigenständig lernende Schülerinnen und Schüler, in: Zeitschrift für Pädagogik, 37. Jg., 1991, S. 735-768.

Becker, Georg E.; Kohler, Britta: Hausaufgaben: Kritisch sehen und die Praxis sinnvoll gestalten. Weinheim und Basel: Beltz Verlag, 2002 (4. Aufl.).

Behr, M.: Nachhilfeunterricht. Erhebungen in einer Grauzone pädagogischer Alltagsrealität, Darmstadt 1990.

Bellenberg, Gabriele: Individuelle Schullaufbahnen: Eine empirische Untersuchung über Bildungsverläufe von der Einschulung bis zum Abschluss. In: Veröffentlichungen der Max-Traeger-Stiftung, Bd. 30. Weinheim und München: Juventa, 1999.

Beneke, F.E.: Erziehungs- und Unterrichtslehre, Bd. 2, Stichwort: Häusliche Arbeiten. Berlin, 4. Aufl. 1876.

Birkenbihl, Vera F.: Jungen und Mädchen: wie sie lernen. München: Knaur, 2005.

Birkenbihl, Vera F.: Stichwort Schule: Trotz Schule lernen. Offenbach: GABAL, 2004 (17. Aufl.).

Bischof, F.: „Wenn Hausaufgaben in die Schule gehen", in: Schule und Bildung im Kanton Schwyz, 1996, H. 1, 15-17.

Boßmann, D.: Die verdammten Hausaufgaben, Frankfurt 1979.

Butler, M.: Why teachers ought to be friends of the children. Übersetzt von Thilo Busse (unveröffentliches Manuskript, zitiert nach Nilshon, I.: Schule ohne Hausaufgaben? Eine empirische Studie zu den Auswirkungen der Integration von Hausaufgabenfunktionen in den Unterricht einer Ganztagsschule. Münster, New York, 1995).

Cooper, H.: Homework. New York: Longman 1989.

Dietz, B./ Kuhrt, W.: Hausaufgaben – ein Mittel zur Entwicklung der Denkfähigkeit der Schüler und zur Sicherung eines anwendungsbereiten Wissens. In: Pädagogik, 14. Jg., 1959, Heft 8, S. 647-666.

Eigler, G./ Krumm, V.: Die Problematik der Hausaufgaben, in: betrifft: erziehung, 5. Jg., 1972b, H. 10, S. 19-20.

Eigler, G./ Krumm, V.: Zur Problematik der Hausaufgaben, Weinheim, Basel 1972a.

Enders Dragässer, U.: Die Mütterdressur, Basel 1981.

Enders Dragässer, U.: Alptraum Hausaufgaben, in: Die Grundschulzeitschrift, 10. Jg., 1996, H. 94, S. 52-55.

Fölling-Albers, M.: Schulkinder heute. Auswirkungen veränderter Kindheit auf Unterricht und Schulleben, Weinheim und Basel 1992.

Freese, H. L.: Hausaufgaben, Schulaufgaben oder Integration der Aufgaben in den Unterricht, in: DIE GANZTAGSSCHULE, 1978, H. 3/4, S.55-87.

Freudenstein, R.: Hausaufgaben? Ja, aber...Grundsätze für eine neue Hausaufgabenpraxis, in: Der Fremdsprachliche Unterricht Englisch, 30. Jg., 1996, H.2, S. 10-14.

Garbe, U./ Lukesch H./ Strasser, E. M.: Die Beziehung zwischen Schulnoten, leistungsbezogenen Merkmalen der Schülerpersönlichkeit und mütterlichen Erziehungsmaßnahmen am Ende der Grundschulzeit, in: Psychol. Erz. Unterr., 1981, H. 28, S. 65-71.

Gaudig, H.: Didaktische Ketzereien, Leipzig-Berlin, 1904.

Geissler, E./ Plock, H.: Hausaufgaben – Hausarbeiten. Bad Heilbrunn, 1974².

Griebel, Wilfried; Niesel, Renate: Abschied vom Kindergarten. Start in die Schule. München: Don Bosco, 2002.

Handbuch Projektunterricht. Hrsg. von Dagmar Hänsel. Weinheim und Basel: Beltz, 1997.

Hausaufgaben an der Ganztagsschule. Hrsg. von Stefan Appel, Ulrich Rother und Georg Rutz. Schwalbach: Wochenschau-Verlag, 2007.

Henze, G.: Das Konzept der Hausaufgabenintegration, in: Niedersächsisches Kultusministerium (Hg.): Hausaufgaben - empirisch untersucht: Ergebnisse aus dem Schulversuch Ganztagsschule, Hannover 1978, S. 215- 253.

Holzkamp, K.: Lernen. Subjektwissenschaftliche Grundlegung. Frankfurt/Main, New York, 1993.

Jäger, M.: Zur Frage der häuslichen Arbeiten an unseren höheren Lehranstalten, in: Bericht über den 1. Internationalen Kongreß für Schulhygiene, Nürnberg 1904.

Keck, R. W.: Das Problem der Hausaufgabe in pädagogischer und didaktischer Sicht - ein systematischer Versuch zur Funktionsbeschreibung, in: Niedersächsisches Kultusministerium (Hg.): Hausaufgaben empirisch untersucht: Ergebnisse aus dem Schulversuch Ganztagsschule, Hannover, Berlin, Dortmund 1978, S. 15-71.

Kirn, R.: Die Hausaufgaben in der Einschätzung der Eltern und Schüler. In: Schulversuche und Schulreform, Bd. 16, Hausaufgaben empirisch untersucht, Hannover, 1978.

Mintz, Jerry: Keine Hausaufgaben und den ganzen Tag Pause: Wie es Bildung in Freiheit und Demokratie geben kann. Leipzig, Tologo, 2008.

Neue Lernkultur – neue Leistungskultur. Hrsg. von Ulrike Stadler-Altmann, Jürgen Schindele und Alban Schraut. Bad Heilbrunn: Verlag Julius Klinkhardt, 2008.

Nilshon, Ilse: Hausaufgaben und selbständiges Lernen. Projektheft 1/99, Projekt: „Lebenswelten als Lernwelten". München: Deutsches Jugendinstitut.

Nilshon, I.: Schule ohne Hausaufgaben? Eine empirische Studie zu den Auswirkungen der Integration von Hausaufgabenfunktionen in den Unterricht einer Ganztagsschule. Münster, New York, 1995.

Preuss-Lausitz, U.: Kinder zwischen Selbständigkeit und Zwang, in: Preuss-Lausitz, U./ T. Rülcker/ H. Zeiher (Hrsg.): Selbständigkeit für Kinder - die große Freiheit?, Weinheim und Basel 1990.

Rebitzki, Monika: Hausaufgaben – kein Job für Mama: Ohne Stress zu Hause lernen. Berlin: Cornelsen Scriptor, 2002.

Roßbach, H. G.: Hausaufgaben in der Grundschule - Ergebnisse einer empirischen Untersuchung, in: Die Deutsche Schule, 87. Jg., 1995, S. 103-112.

Rutter, M.: Fifteen Thousand Hours, University of London 1979. Übersetzte Fassung: Fünfzehntausend Stunden - Schulen und ihre Wirkung auf Kinder, Weinheim, Basel 1980.

Schanze, G.: Die Hausaufgaben der Schüler. In: Bericht über den 1. Internationalen Kongress für Schulhygiene. Nürnberg, 1904.

Schanze, G.: Hausaufgaben. In: Gesunde Jugend, 1907.

Scheibert: Päd. Rev. 1849.

Schenke, R.: Elterneinstellung zur Hausaufgabe und deren Auswirkungen auf die Schulleistungen. In: Psychologie in Erziehung und Unterricht. 25. Jg. 1978, S. 302-305.

Schulanfang ohne Umwege: Mehr Flexibilität im Bildungswesen. Hrsg. von Gabriele Faust-Siehl und Angelika Speck-Hamdan. In: Beiträge zur Reform der Grundschule, 111. Frankfurt am Main: Grundschulverband, 2001.

Schwemmer, H.: Was Hausaufgaben anrichten. Von der Fragwürdigkeit eines durch Jahrhunderte verewigten Tabus in der Hausaufgabenschule unserer Zeit, Paderborn, München, Wien, Zürich 1980.

Speichert, H.: Aktion: Schluss mit den Hausaufgaben! In: betrifft: erziehung. 5. Jg. 1972, H. 10.

Speichert, H.: Praxis produktiver Hausaufgaben. Königsstein, 1982.

Spitzer, Manfred: Lernen. Heidelberg: Spektrum Akademischer Verlag, 2003.

Schularchitektur und neue Lernkultur: Neues Lernen – Neue Räume. 2007.

Wehner, U: Pädagogik im Kontext von Existenzphilosophie. Würzburg: Königshausen und Neumann, 2002.

Wittmann, B.: Vom Sinn und Unsinn der Hausaufgaben. Empirische Untersuchungen über ihre Durchführung und ihren Nutzen, Neuwied, Berlin 1964; zweite Auflage 1970.

Wittmann, E. Ch.: Wider die Flut der „bunten Hunde" und der „grauen Päckchen": Die Konzeption des aktiv-entdeckenden Lernens und des produktiven Übens. In: SMP, 17. Jg. 1989, Heft 10, S. 445-505.

Wollersheim, H.-W.: Zur historischen Entwicklung und zum gegenwärtigen Stand der empirischen Hausaufgabenforschung, in: Die Realschule, 1987, S. 158-165.